A Beginner's Illustrated
Guide to Brewing
the Tea

Let's Enjoy TEA

理由がわかれば もっとおいしい!

# お茶を
# 楽しむ教科書

世界のお茶専門店
ルピシア
［協力］

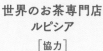

ナツメ社

# はじめに

「運がいい」人と「運が悪い」人、皆さんは、
自分はどちらのタイプだと思いますか？

英国の心理学者リチャード・ワイズマン博士の研究によれば、
自分は「運がいい」と考えている人々は共通して、
自分自身の直感や本能の力を信じて決断を下す
心のゆとりをもっている、
また、人々と社交的・積極的にかかわり、不運なことが起こっても、
その事象に必要以上にとらわれない傾向があるといいます。

21世紀の現在、おいしくて健康によい緑茶、
紅茶、烏龍茶などの「東洋発祥のハーブ＝お茶」は、
世界中で最も多く消費されている飲み物、嗜好品です。
また、茶器やお茶請け、スイーツなどを含む喫茶の文化全体が、
世界中で団らんや安らぎの時間を
意味するシンボルとして親しまれています。

「日々の暮らしに、お茶をゆっくり楽しむ習慣があるだけで、
誰でも簡単に『運がいい』人になり、幸運を引き寄せるようになる」
この仮説には、大きく2つの根拠が考えられます。

ひとつは、お茶の時間は飲む人の心身に
適度な休息をもたらし、
その人自身の直感や本能の力を蓄えるきっかけになること。

もうひとつは、お茶を中心とした人々との会話やちょっとした
触れ合いは、さまざまな会話や情報と触れ合う社交の場として、
また偶然の幸運や好機をリラックスした雰囲気で運んでくれる
コミュニケーションの機会となること。
これはワイズマン博士がいうところの、自分を「運がいい」と
考える人々が好む行動や習慣の傾向と近いものになっています。

AIの日々の進歩など、人々の暮らしや労働のあり方はもちろん、
国家や経済などを含む地球規模での大きな文化的な変動期として、
未来で振り返られるであろう現在。
おいしいお茶を、家族や友人など大切な人と味わう知識と技術は、
これからを賢く生き抜くための、タフで美しい21世紀の教養となります。

どうぞお茶と、お茶を巡る食文化を、
ごゆっくりお楽しみください。

参考文献：『運のいい人の法則』（リチャード・ワイズマン博士著・矢羽野薫訳、角川文庫、2011 年）

# CONTENTS

写真協力：ルピシア、メトロポリタン美術館、PIXTA

p.36: H. O. Havemeyer Collection, Bequest of Mrs. H. O. Havemeyer, 1929／p61,p72: Purchase, Friends of Asian Art Gifts, 2023／p113: Rogers Fund, 1922／p136: The Elisha Whittelsey Collection, the Elisha Whittelsey Fund, 1957／p137: Gift of Irwin Untermyer, 1970／p137: Gift of Alfred Duane Pell, 1902／p137: Gift of William B. Osgood Field, 1902／p137: Gift of Richard Baron Cohen, 2019／p137: Gift of the Royal Copenhagen Porcelain Manufactory Ltd., 1972

# 第1章 🌿「お茶」ってなんだろう？

# 第2章 🌿お茶の基本を知ろう　❶ 緑茶

# 第3章 🍃 お茶の基本を知ろう ❷ 烏龍茶

# 第4章 🍃 お茶の基本を知ろう ❸ 紅茶

# 第**5**章 🍃 おいしいお茶をいれよう

## 第**6**章 「チャ」以外のお茶やアレンジを知りたい！

# プロローグ

## 私たちが
## お茶を飲む理由

一口にお茶といっても、種類も楽しみ方もさまざま。
まずはお茶の楽しみ方や、知っていると
よりお茶を楽しめる知識に触れてみましょう。

# 産地・旬・種類・飲み方まで！
## お茶はバリエーション豊か

| イギリス |

紅茶好きといえば
イギリス人！
(p.112)

| ロシア |

暖房機兼用の
湯沸かし器
(p.52)

| チベット |

バターをいれた
スープのように
食べられるお茶
(p.110)

| モロッコ |

アラビアの香り？
ミントたっぷりの緑茶
(p.88)

| インド | | スリランカ |

紅茶の産地として有名
(p.124、126)

| アフリカ地域 |

じつはアフリカも紅茶の
一大産地！
(p.122)

以下のマップでわかるように、お茶は世界各地で栽培・喫茶されています。寒冷地では育ちにくいとされるため、産地こそ地域は限られるものの、茶の種類や飲み方は実にバリエーション豊かです。本書では、日本茶をメインとした緑茶、烏龍茶をはじめとする中国茶、そして紅茶を中心に紹介していきます。

### 中国 〉

#### 中国はお茶の発祥地
(p.35)

### アメリカ 〉

#### 甘いアイスティーは
#### アメリカ南部のソウルドリンク
(p.43)

### 日本 〉

#### 「日本茶」として
#### 独自に発展！
(p.56)

### 台湾 〉

#### 烏龍茶の
#### 有名銘柄多数
(p.95)

### マレーシア 〉

#### ぶくぶく泡立つ
#### ミルクティーが人気
(p.43)

# 唱歌にも歌われた
## 日本の茶摘み風景

「夏も近づく八十八夜」と始まる唱歌「茶摘」。八十八夜とは立春から88日目にあたる、5月初めの新茶の茶摘み時期のことです。歌詞の一部にある「茜だすきに菅（すげ）の笠」の茜だすきは、イラストのように茶摘み娘がかけている茜色のたすきを歌っています。昔は手摘みで茶摘みを行っていたので、茶摘みシーズンには多くの人出が必要でした。若い娘たちも茶摘みを手伝い、その衣装が茜色のたすきだったのです。一説には茶畑は男女の出会いの場で、自分を目立たせるためにたすきがこの色になったといわれています。

# ダージリン、ウバ、キームンは
## 紅茶の三大銘茶

日本の紅茶好きの間には、「世界三大銘茶」と
呼ばれる紅茶が存在します。それはインドのダー
ジリン、スリランカのウバ、中国のキームンの3つ。
いずれも近代的な紅茶の名産地。上質な茶葉
を生産し、世界的に知られる有名産地です。

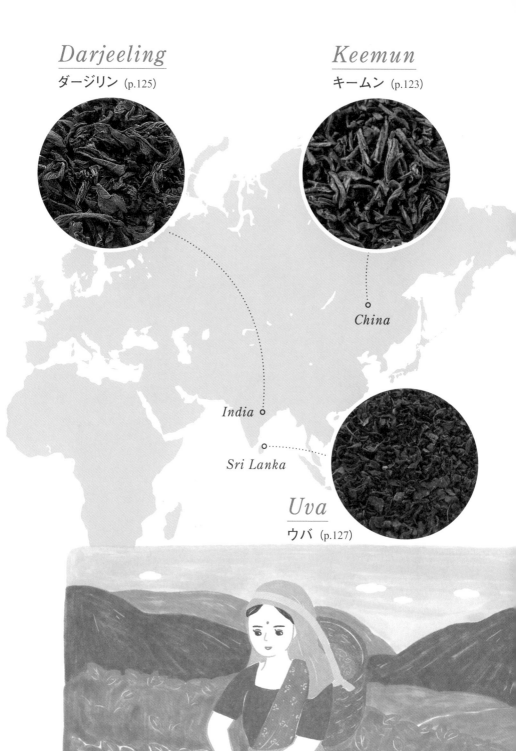

# Darjeeling
ダージリン (p.125)

# Keemun
キームン (p.123)

China

India

Sri Lanka

# Uva
ウバ (p.127)

# アフタヌーンティーで
# とっておきの時間を

アフタヌーンティーの原型ができたのは、19世紀のイギリスでした（p.115）。その後、紅茶に合わせるお菓子やサンドイッチなどのティーフーズが生まれ、現在につながる形式が確立・発展しました。現在はホテルやレストランでも楽しめます。そうした場所では、3段のスタンドにティーフーズが用意されます。食べるときは、一番下の段からいただくのがマナーです。優雅なひとときを楽しんで。

## スタンドに用意されるフード

【　一番上　】ケーキやペストリーなど
【　中段　】スコーン
【　一番下　】サンドイッチ

# 一度は訪れたい！
## 台湾の茶芸館

台湾旅行の人気スポットが茶芸館です。静かで落ち
着いた店内で、かわいらしい小さな茶器でお茶をいれ
てくれます。店員さんの無駄のない動きは、おもわず
目を奪われてしまうでしょう。
ゆったりとした時間が流れる中で、存分にお茶を楽し
むひとときを、ぜひ一度は体験してみたいものです。

日本茶の
おすすめペアリング
(p.82)

烏龍茶・中国茶の
おすすめペアリング
(p.108)

紅茶の
おすすめペアリング
(p.140)

# 無限に広がる！
## ティーペアリングの世界

お茶をいただくときの楽しみのひとつは、「お茶請け」です。お茶と合う食べ物に合わせることで、より一層お茶がおいしくいただけます。味や香りがさまざまあるお茶ですから、それに合わせる食べ物も選択肢は無限大。ルールはありません。ぜひ、お好みのペアリングを見つけてみてください。本書では、日本茶・烏龍茶・中国茶・紅茶のおすすめの組み合わせを紹介しています。

# ホットからアイスまで
# アレンジしてもお茶は楽しい！

茶葉を浸出させたり、煮出したりするのが一般的なお茶のいただき方ですが、いつものお茶にほんの少しアレンジを加えると、より幅広い楽しみ方ができます。本書では、フルーツやスパイス、チョコレートなどと組み合わせて、飲んでおいしい、見て楽しいアレンジレシピを紹介しています。

**ゆずと緑茶のホットカクテル風**
（p.203）

**アップルスカッシュ** （p.211）

**ホット烏龍茶のラム割り** （p.207）

**ぜいたく白桃烏龍茶** （p.208）

抹茶ミルク
シェイク
(p.206)

テ・ロマーノ (p.210)

ほうじ茶のスパイスティー
(p.202)

フレッシュフルーツティー
(p.209)

ホワイトチョコレート抹茶 (p.205)

グリーンティーモヒート (p.204)

23

# お気に入りの
## 茶器を見つけて

お茶の楽しみ方は飲むだけではありません。お茶をいれるのにかかせない茶器も、楽しみのひとつ。素材や形も多種多様で、有名ブランドやアンティークのもの、現代作家の作品など、星の数ほど存在します。あなたのお気に入りの茶器を見つけて。

日本茶の茶器（p.78）
烏龍茶の茶器（p.104）
紅茶の茶器（p.132）

# 季節に合わせて お茶を楽しもう

ホットでもアイスでも、多種多様なお茶はオールシーズン楽しめます。

### 春　新茶ラッシュの
　　シーズンに飲み比べ

春は新茶のシーズンです。日本茶やダージリン紅茶のファーストフラッシュ、中国緑茶など、いろいろな種類の新茶が店頭に並びます。友人同士で集まって、好みの新茶を探してみましょう。

### 夏　クーラーのきいた
　　部屋で、あえて
　　ホットの工芸茶を

アイスティーがおいしい季節ですが、クーラーのきいた部屋では意外と体が冷えることがあります。工芸茶を耐熱ガラスのカップでホットでいれれば、体も温まり見た目は涼やかです。

## 秋　紅葉狩りで　ホットティータイム

紅葉狩りなどのハイキングに、紅茶のティーバッグとステンレスマグボトルに熱湯をいれて持って行くと、レジャー先でお茶が楽しめます。アレンジ用に砂糖や練乳、はちみつ、ウイスキーなども持って行けば即席で紅茶カクテルに。湯は携帯コンロで沸かしてもOKです。

## 冬

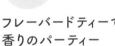

### フレーバードティーで香りのパーティー

クリスマスやお正月などイベントラッシュの時期、胃が疲れている人も多いのでは？　そんなときはフレーバードティーのティーパーティーがおすすめ。フルーツやスパイスなどの、さまざまな香りのお茶を持ち寄れば、香りでお腹いっぱいに。

# Column 世界のお茶紀行

## 韓国のお茶

### 医食同源にもとづく「チャ」以外のお茶

　お隣の国、韓国で日常に飲まれているのは「茶外茶」。9世紀前半、韓国にもチャの木が伝わりましたが、儒教が国教になるとともに緑茶を飲む習慣が寂れ、代わりに発達したのが医食同源にもとづいたヘルシーでやさしい味わいの茶外茶でした。種類も多く、トウモロコシやハト麦といった穀物のお茶、柚子や花梨、ナツメといった果実のお茶、ヨモギや桂皮といった薬

草のお茶の3つに大別されます。

　代表的なお茶と効能を紹介しましょう。まず、柚子茶はビタミンCが多く、風邪予防や美肌に。トウモロコシ茶は利尿作用、花梨茶は疲労回復、ヨモギ茶は体を温め、血液を浄化する効果が期待されます。日本でも手に入るので、試してみませんか？甘いおこわのような薬食、蒸しパンのような蒸片など、韓菓とともに、ぜひ。

# 第 **1** 章

# 「お茶」って
# なんだろう？

お茶の原料、種類、歴史、おいしさの秘密など、
まずはお茶の基本のあれこれについて
学んでいきましょう。

# そもそもお茶ってなに?

緑茶と紅茶のちがいは?　意外と知らないお茶のこと。まずは原料から紹介します。

## 原料の「チャ」はたったひとつ　緑茶も烏龍茶も紅茶も同じ

お茶とは、「チャ」の木の葉を原料とする飲み物の総称です。製造されたものを「茶」、植物は「チャ」と表記して区別しています。製法が異なるため見た目も味も香りも異なりますが、緑茶も烏龍茶も紅茶も、じつはすべてこの「チャ」からつくられます。

「チャ」の学名をカメリア・シネンシスとい

います。カメリアはツバキのことなので、「チャ」はツバキ科ツバキ属の永年性常緑樹。秋〜冬にかけて、白いかわいい花を咲かせます。生育の条件は比較的温暖な気候で、年間降水量は1300㎜以上。弱酸性の土壌を好み、世界各地で栽培されています。

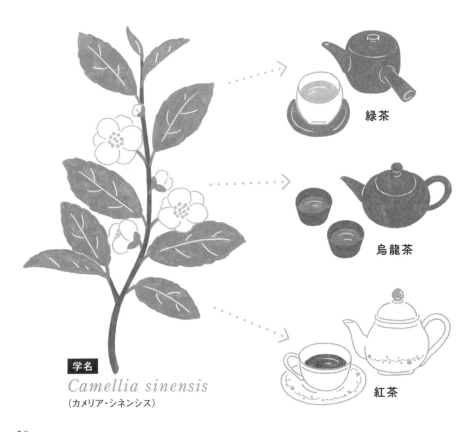

緑茶

烏龍茶

紅茶

学名

*Camellia sinensis*

(カメリア・シネンシス)

## 世界に広まった「チャ」の木の二大品種

「チャ」は世界に数百種以上ありますが、現在、栽培されているのは2種類に大別されます。ひとつが、中国種。葉が小さく、比較的寒さに強く、シャープな味わいで、主に緑茶や烏龍茶の原料になります。もうひとつが、アッサム種。葉が大きく、温暖な気候を好み、コクがあってまろやかな味わいで、主に紅茶の原料になります。見た目はちがいますが、交配は可能。そのため、新しい味や香りを求めて、世界各地で品種改良が行われています。

中国種

アッサム種

よく使われるのは…
緑茶
烏龍茶

3〜5cm

よく使われるのは…
紅茶

10〜18cm

| 【2種の比較】 | 中国種 | アッサム種 |
|---|---|---|
| 木と葉の特徴 | 低木<br>葉の長さ3〜5cm | 高木<br>葉の長さ10〜18cm |
| アミノ酸の量<br>※お茶としての抽出時 | 多い | 少ない<br>（2種の比較による） |
| 主な栽培地域 | 温帯地域<br>（中国、日本など） | 亜熱帯や熱帯地域<br>（インド、スリランカ、ケニア、インドネシアなど） |

出典：三木雄貴秀『おいしいお茶の秘密（2019）』

# お茶の種類

お茶の種類を決めるのが製造方法ですが、想像以上に細分化されています。

## 製法によって変化するお茶の種類

　原料は同じ「チャ」なのに、なぜこんなにちがうのでしょう。それは、摘み採った「チャ」の葉の処理によって変わるからです。ポイントは葉に含まれる酵素による「酸化発酵」。どの程度発酵させるかにより、①不発酵茶、②発酵茶、その中間の③半発酵茶の3種に分類され、緑茶が①、紅茶が②、烏龍茶が③に該当します。

　酵素の働きは加熱によって止まるので、不発酵茶はできる限り早く加熱します。そのため葉の鮮やかな緑色が残り、緑茶になるのです。世界では発酵茶が主流で、代表的な紅茶はその7割を占めます。これとは別に、葉の酵素ではなく、別の微生物を利用してつくられているお

茶もあり、これが後発酵茶。プーアル茶がその代表で、黒い色から黒茶とも呼ばれます。

　台湾の一部の烏龍茶やダージリン春摘み茶（紅茶）などの緑茶に近い発酵度のもの、東方美人といった紅茶に近い発酵度の烏龍茶など、発酵度のバリエーションはさまざまですが、分類としては基本的には緑茶、紅茶、烏龍茶のそれぞれの製法で仕上げられたことに由来し、商品として流通しています。

　その他、発酵や保存による経年変化、また加工によるちがいで中国茶分類の黒茶、白茶、黄茶、花茶など（p.96）に分類されることもあります。

# 【 お茶の分類 】

お茶は酸化発酵によるちがいで、発酵茶（主に紅茶）・不発酵茶（主に緑茶）・半発酵茶（主に烏龍茶）に分かれます。ただし、すべての紅茶が発酵茶というわけではなく、中には緑茶に近い発酵度をもつお茶もあります。そのため商品として店頭に並ぶ紅茶・緑茶・烏龍茶とは、そのお茶の製法に沿ってつくられたお茶がそう呼ばれます。

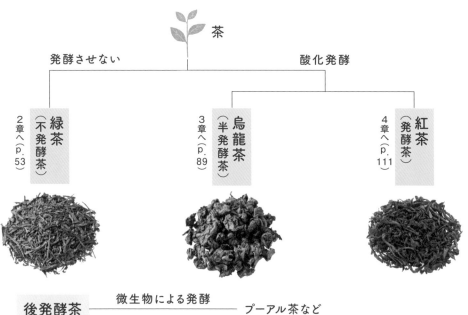

## 酸化の具合で色が決まる

　お茶をいれたときの色（水色）も、酸化発酵が影響します。茶葉を摘んだあと、そのままおくと葉に含まれる酵素によって酸化し、変色します。そのため、加熱で酵素の働きを止める緑茶は緑色が残るのです。紅茶が赤褐色になるのは酵素の働きを止めないためで、成分のカテキンが酸化し、赤褐色の色素が生まれます。烏龍茶の製造方法はその中間なので、色味は明るいオレンジなどの中間色や、緑茶や紅茶のように見えるなど、種類によるバリエーションがあります。

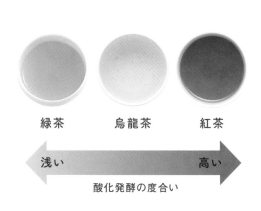

| 緑茶 | 烏龍茶 | 紅茶 |

浅い　　　　　　　　　　高い

酸化発酵の度合い

# お茶と世界の歴史

原産地からお茶をめぐる歴史まで、お茶にまつわるアレコレをご紹介。

## 「チャ」の原産地はどこ？　今も研究が続く

　「チャ」の原産地は、中国・雲南の西双版納（シーサンバンナ）に限定する説、そもそも中国種とアッサム種では原産地がちがうなどさまざまな説があり、今も研究が続けられています。下の地図はインド・アッサムから中国・雲南山地を経て湖南山地に至ったといわれる起源となった「東亜半月弧（とうあはんげつこ）」と呼ばれる地域を示したもの。起源の根拠は複数ありますが、チャの木の古木が分布している、茶葉の利用形態が多様、

付近の少数民族の文化圏が古い、など未だわかっていません。ちなみに、「東亜半月弧」の中心である中国の山岳地帯で暮らす少数民族は、食べると元気になる不思議な植物として、チャの新芽を主にスープとして食していました。やがて漢民族に伝わり、中国全土へ。当時の都、長安は国際都市。そこから日本、台湾、韓国、インドや東南アジアへと広がっていったことはまちがいないでしょう。

中国

湖南

ブータン

雲南

インド

ミャンマー

ラオス

タイ

ベトナム

カンボジア

**東亜半月弧**
中国中南部を中心に、東南アジアから西に三日月形に広がっている照葉樹林帯。

# 【 年表で見るお茶と世界の歴史 】

お茶の歴史には世界を動かしたあの大事件も！　読むほどにもっと知りたくなるはずです。

 中国

## 初めてお茶を飲んだのは農業の神様

古代中国の神話によると、初めてお茶を飲んだのは農耕と医薬の始祖である神農で、約5000年も前。あらゆる植物の薬効を調べる中、日々の解毒として用いていたのが茶葉。そのまま噛んだ、煮出して飲んだとも伝承されています。

 中国

## 達磨大師がお茶の起源という説も？

達磨大師は、インドから中国に渡った禅宗の始祖です。座禅で強烈な眠気に襲われた際、自らまぶたを切り捨てたところ、そこから生えてきたのがチャの木で、葉をちぎって食べたら眠気が去ったとか。これがお茶の起源だという伝説も残ります。

中国

## 最古のお茶の記録

最古の記録は、2000年以上も遡る紀元前59年。前漢時代の文学者王褒が記した『僮約』には使用人がするべき仕事が列挙され、その中に「茶を烹る」「武陽で茶を買う」とあります。

※茶は茶の古い漢字

|  |  |
|---|---|
| B.C.2800年頃 | 中国で神農が初めてお茶を口にする |
| B.C.2500年頃 | クフ王、ギザに大ピラミッドを建造 |
| B.C.221年 | 秦の始皇帝、中国統一 |
| B.C.59年 | 『僮約』に最古のお茶の記録 |
| 30年 | イエス・キリスト刑死 |
| 239年 | 邪馬台国の女王・卑弥呼が魏に使者を送る |
| 380年頃 | 中国の四川省付近で喫茶の風習が徐々に広がる |
| 520年頃 | 達磨大師と茶の伝説 |
| 538年頃 | 日本に仏教が伝来する |
| 610年 | ビザンツ帝国成立 |
| 618〜907年 | 唐の時代に貴族など上流階級にお茶が広まる |

## お茶のバイブル『茶経』と当時のお茶

唐の時代、陸羽（733？〜804）が記した『茶経』は、起源から飲み方まで網羅されたお茶のバイブル的存在。当時のお茶は新芽を蒸して固めた「餅茶」という固形茶でした。

有名な冒頭文「茶は南方の嘉木なり」が書かれている、『茶経』原本の複写（国立国会図書館）。

## 我が国で初めてお茶会をした嵯峨天皇

『日本後紀』には唐で喫茶法を学んだとされる僧の永忠（743〜816）が、嵯峨天皇（786〜842）にお茶を献じたという記述があります。これも固形茶でした。

### 中国

## 製造技術が発展しさまざまな茶道具も登場

唐の時代に中国全土に広がったお茶は、文化人により喫茶文化として定着。飲み方は今の抹茶に近く、「茶筅」や「茶碗」といった茶道具も登場。固形茶を粉末にして飲む、日本の抹茶のルーツが生まれました。

宋時代の茶碗。（メトロポリタン美術館）

| 629年 | 752年 | 760年 | 8世紀半ば | 805〜806年 | 815年 | 828年 | 960〜1276年 | 1096年 | 1113年 | 1206年 | 1214年 |
|---|---|---|---|---|---|---|---|---|---|---|---|
| 玄奘三蔵（三蔵法師）がインドへ旅する | 聖武天皇が大仏建立 | 陸羽が『茶経』を記す | モンゴルやチベットにお茶の習慣が伝わる | 最澄や空海がチャの種を持ち帰る（※伝説） | 僧・永忠が嵯峨天皇に茶を献ずる | 朝鮮半島の新羅にチャの種が伝わる | 宋の時代、餅茶の製法が複雑になる | 第1回十字軍開始 | カンボジアでアンコール゠ワットの建設開始 | チンギス゠ハンがモンゴルを統一 | 栄西が我が国初の茶の書『喫茶養生記』を記す（p.56） |

## 中国

### 固形茶は贅沢品？ 皇帝が禁止に

固形状の「団茶」は製造や飲用に手間のかかる贅沢品だとして、明の初代皇帝・洪武帝（1328〜1398）が製造を禁止に。一方、釜炒り製法が考案され、リーフティーの「散茶」が主流に。

散茶

宋代の固形茶の喫茶準備風景。

## 日本

### お茶を芸術にした千利休

栄西（1141〜1215）が宋より抹茶法を持ち帰り、日本にお茶文化が根付いたのは鎌倉時代。その後、村田珠光（1423頃〜1502）により創始された禅の思想を取り入れた「侘び茶」は、武野紹鴎（1502〜1555）を経て、千利休（1522〜1591）によって芸術へと昇華。茶道が確立し、今に受け継がれています。

## 中国

### お茶が世界へ

貿易活性化のために皇帝の命を受け、役人・鄭和が7回の南海遠征。中国茶がインドやアフリカ各地に伝わります。中国の唐から元の時代は、シルクロード交易もさかんで、茶が世界へ広まりました。

## オランダ

### オランダが輸入し茶が西洋へ

1602年にオランダで設立された貿易会社、東インド会社が緑茶を日本から持ち帰ったのが発端となり、当時、金銀に並ぶ稀少な品として、オランダの貴族社会でもてはやされました。

|  |  |
|---|---|
| 1299年 | オスマン帝国を建国 |
| 14〜16世紀 | ヨーロッパでルネサンスが広まる |
| 1337年 | イギリスとフランスの百年戦争 |
| 1391年 | 中国の明で「団茶禁止令」 |
| 1405年 | 明の鄭和、南海遠征を開始 |
| 1492年 | コロンブスが新大陸発見 |
| 1521年 | アステカ帝国滅亡 |
| 1591年 | 千利休が「茶の湯」を大成 |
| 1522〜1591年 | 千利休が「茶の湯」を大成 |
| 1533年 | インカ帝国滅亡 |
| 1559年 | イタリアの旅行家ラムジオが著書で中国の喫茶習慣について記す |
| 1568年 | オランダ独立戦争 |
| 1600年 | イギリス東インド会社（EIC）設立 |
| 1610年 | オランダ東インド会社が日本から緑茶を輸入 |

日本　 イギリス　 オランダ

## イギリス人と茶の最初の記録

紅茶の国、イギリス人とお茶に関する最初の記録は、1615年のある書簡。それは、平戸駐在のR.ウィッカムがマカオ駐在の同僚に「最良のお茶をひと壺送ってほしい」と依頼する内容でした。

平戸の英国商館跡に建つ、遺跡碑。

## 西洋での喫茶文化はオランダから

西洋における最初の喫茶文化がオランダで始まったのは、1637年より前。その年に書かれたある手紙によると、上流階級の間で喫茶が愛好され始めていたことがわかります。中には日本の抹茶もあり、繊細で貴重なものとして大切にされていたようです。

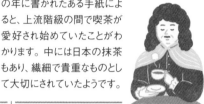

 フランス

## フランスではあまり根付かなかった茶

オランダからフランスにお茶が伝わったのは、1635年頃。当時、西欧諸国ではお茶の薬効に賛否両論があり、フランス医学会でも「お茶は体に悪い」と論争に。そのためかフランスでは根付かず、コーヒーが主流になり、現在もカフェ文化が栄えています。

 イギリス

## イギリスにも徐々に普及

イギリスで一般にお茶が普及したのは1657年。当時の社交場であったコーヒーハウスにて、数年前に上陸したコーヒーとともにたしなまれていました。

|  |  |
|---|---|
| 1615年 | 平戸駐在のR・ウィッカムがマカオに茶の購入の依頼 |
| 1618年 | ドイツで三十年戦争 |
| 1620年 | メイフラワー号がアメリカに到着　イギリスから初めての移民 |
| 1635年頃 | オランダからフランスへ茶が伝わる |
| 1640年頃 | オランダの上流階級で喫茶が流行 |
| 1652年 | 英蘭戦争 |
| 1657年 | イギリスで初のコーヒーハウス開業 |
| 1662年 | ポルトガルのキャサリンがイギリス王家へ嫁ぐ（p.113） |
| 1679年 | イギリスで初のティー・オークション |
| 1680年 | メアリー・オブ・モデナがイギリスにオランダ式喫茶法を伝える |
| 1682年 | ルイ14世、ヴェルサイユに宮殿を移す |
| 1688年 | 名誉革命 |
| 1717年 | T・トワイニングが「ゴールデン・ライオン」開店 |
| 1721年 | EICが中国茶の輸入独占 |

イギリス  アメリカ

## 茶葉を海へ捨てた
## ボストン茶会事件

植民地アメリカで大流行していた紅茶に重税をかけ、独占販売を画策した宗主国イギリス。これに反発したアメリカ人が、ボストンに停泊していた船から茶箱を海に捨てる「ボストン茶会事件」が発生しました。この事件はやがて独立戦争へと発展していきます。

イギリス 中国

## 茶が関わる
## 国際事件アヘン戦争

当時、中国（清）から大量に茶葉を輸入していたイギリスは、支払う銀が激減し、交換としてアヘンを強引に輸出しました。アヘン中毒が広まった中国がアヘンの密輸入を厳罰化したことで、戦争が勃発。結果、香港がイギリスの植民地になりました。

イギリス インド

## アッサム種発見

植民地だったインドで新種のチャの木を発見。1838年にアッサム地方、1852年にはダージリン地方でイギリス悲願のチャの木の栽培をスタート。独自の近代製法で英国式紅茶が誕生します。

ヨーロッパ諸国

## 誰よりも早く茶を届けよ
## ティークリッパー・レース

19世紀、イギリスが独占していた貿易の自由化により、中国・欧州間の航海日数は約1/5に短縮。新鮮な状態で運ぶべく、その後、新茶の輸送競争、ティークリッパー・レースがさかんになりました。

|  |  |
|---|---|
| 1773年 | ボストン茶会事件 |
| 1775年 | アメリカ・独立戦争 |
| 1823年 | インドのアッサムでチャの木発見（p.114） |
| 1840年頃 | アフタヌーンティーの習慣始まる（p.115） |
| 1840年 | アヘン戦争 |
| 1850年頃 | ティークリッパー・レース始まる |
| 1852年 | インドでダージリン紅茶栽培開始 |
| 1853年 | ペリー来日 |
| 1869年 | 静岡の牧之原台地、茶園として開始 |
| 1875年 | セイロン紅茶がロンドンへ輸入「大英帝国紅茶」の時代始まる |
| 1879年 | インドネシアで茶園開始 |
| 1887年 | 日本に初めて紅茶が輸入される |
| 1890年 | イギリスのT・リプトンがセイロンの高地茶園を買収 |
| 1896年 | イギリスでティーバッグが生まれる |

## アメリカ

### アイスティーの起源は南部アメリカ

アイスティーは19世紀中頃からアメリカ南部を中心に飲まれていましたが、1904年のセントルイスの万国博覧会にてイギリスの紅茶商人が、アイスティーを提供したことから一般にも知られるようになりました。現在でも南部アメリカでは、歓待の飲み物として、レモンなどを添えた甘いアイスティーが親しまれています。

## 日本

### お茶の持ち運びが可能に！缶入りのお茶誕生

1981年に、駅弁用プラスチック入りとは一線を画す、本格的に持ち運び可能な缶入り烏龍茶が誕生。すぐに定着し、1990年には清涼飲料水の中で生産量がトップになりました。その後、缶入り緑茶も登場。

## 日本

### ペットボトルのお茶が発売

いれ立ての状態を保つ画期的技術により、ペットボトル入りのお茶が発売されたのは1990年。手軽なおいしさから人気を集め、お茶はいれて飲むものから、買って飲むものへと意識が変化しました。

| 1904年 | 1914年 | 1925年 | 1939年 | 1939年 | 1952年 | 1975年 | 1980年頃 | 1981年 | 1990年 | 1992年 | 1993年 | 2004年頃 | 2019年 | 2022年 |
|---|---|---|---|---|---|---|---|---|---|---|---|---|---|---|
| アメリカ「セントルイス万博」でアイスティーが広まる | 第一次世界大戦 | ケニアで大規模茶園開拓 | 「日本紅茶協会」設立 | 第二次世界大戦 | 「日本茶輸出組合」設立 | 日本での荒茶生産量が10万5500トン。茶業最盛期 | 烏龍茶の輸入が日本で急増 | 日本で烏龍茶缶ドリンク発売 | 日本で緑茶ペットボトル発売 | スリランカ茶園民営化 | EU発足 | ルイボスなどのハーブティーが普及 | タピオカミルクティーが大流行 | 「ヌン活」が流行語に |

## 世界各国でお茶の呼び方は異なる

世界中で飲まれているお茶ですが、呼び方には、"チャ"と"テ"の2通りあります。そのちがいは、伝播していったルートにあります。まず、"チャ"の由来は、広東語の「茶」の発音「cha」。文化的交流があった日本や韓国、モンゴル、そしてシルクロードを通じて西域へと伝わり、「chai」「tsai」「cay」と呼ばれています。"テ"の由来は古い文字の「茶」で、中国・福建省では「te」と呼ばれていました。そのため、海上ルートでお茶が伝わった欧州では、「the」「tea」「tee」などと呼ばれることになったのです。面白いのがポルトガルで、西洋でありながら「cha」と呼びます。なぜなら、植民地だったマカオから茶葉を輸入していたから。歴史的な背景を知ると面白いですね。

●は中国・広東を起点に主に陸路で伝播した「東洋の茶 チャとチャイ」の、●は中国・福建を起点に主に海路で伝播した「西洋の茶 ティーとテ」の広がりを簡略化した参考図です。

### 【その他の国の「茶」の発音と呼び方】

広東語系（「チャ」の系統）

|  | 発音 | 呼び方 |
|---|---|---|
| 韓国 | cha | チャ |
| ポルトガル | cha | チャ |
| イラン | cha | チャ |
| ヒンディー | chaya | チャーヤ |
| トルコ | cay | チャイ |
| ギリシャ | tsai | チャイ |
| ポーランド | chai | チャイ |

福建語系（「テ」の系統）

|  | 発音 | 呼び方 |
|---|---|---|
| イタリア | te | テ |
| スウェーデン | te | テ |
| チェコ | te | テ |
| マレー | teh | テー |
| フィンランド | tee | テー |
| ドイツ | tee | テー |
| ハンガリー | tea | テア |

出典：橋本実『茶の起源を知る』淡交社（1988）

# 世界各地のティータイム

お茶に種類があるように、世界各地にはそれぞれに発展したティータイムがあるようです。

## スコットランド
### 紅茶王を生んだ国

トーマス・リプトンなど世界的な紅茶王を輩出した国。前菜やメインと一緒に食事感覚で楽しむ、ハイティーの習慣があります。

## インド
### 1日何杯も飲む
### チャイは
### 国民的飲料

生産も消費も紅茶大国のインドでは1日に何杯も紅茶を飲みます。ミルクと煮出す「チャイ」が主流で、スパイスを加えて煮出したマサラチャイも有名。

## アイルランド
### パブでも紅茶を!
### 茶の消費量西欧一

主流はミルクティー。一人当たりの消費量はイギリスよりも多く、家庭ではもちろん、アイリッシュパブでもよく飲まれています。

## セネガル
### 緑茶に砂糖を
### 加えて飲む

使用するのは中国産の緑茶。砂糖を加えてしっかり煮出したお茶をポットからポットへと勢いよく注ぎ、泡立ててから飲みます。

## フランス
### サロン・ド・テで
### 優雅な時間を

紅茶はカフェより、華やいだ雰囲気の「サロン・ド・テ」で優雅に楽しむのがフランス流。独自のフレーバードティーも人気です。

## スリランカ
### 粉ミルクを使った
### 甘い紅茶が定番

セイロン茶の本場スリランカでは、ミルクではなく、「キリティー」という甘い粉ミルクを使ったミルクティーがおなじみです。

## モンゴル
### 削った茶に羊の乳を入れたスープ状

磚茶（だんちゃ）を削って煮出したお茶に、羊か牛の乳、塩を混ぜた乳茶が定番。穀類や羊肉を加えることもあります。

## 中国
### 点心と一緒にいただく

すべてのお茶の故郷である中国では、緑茶を中心に日々の飲み物としてお茶が親しまれています。とくに、広州を中心に、餃子やシュウマイといった点心と一緒にお茶を飲む「飲茶（ヤムチャ）」の文化は有名です。

## アメリカ
### アイスティーが主流　レモンティーも人気

海軍や学校施設などでは伝統的に、食事中の飲み物として砂糖を入れたアイスティーが親しまれています。また、レモンを浮かべて飲むレモンティーも、広く飲まれています。

## ミャンマー
### ミャンマー式ミルクティーラペイエ

「ラペイエ」は濃く煮出した紅茶をコンデンスミルクの上に注いでかき混ぜたお茶。食べるお茶「ラペソー」もあります。

## ベトナム
### 紅茶が主流の国のロータスティー

ロータスティーとは蓮（はす）の花を使ったお茶。いくつか種類がありますが、古くから人気なのが緑茶に蓮の花で香りをつけたお茶です。

## 台湾
### 工夫茶器が観光客に人気

ティータイムを「人と人をつなぐ」かけがえのない時間と考える台湾には、工夫茶器を使った作法が発達。「聞香杯（もんこうはい）(p.171)」は観光客にも人気です。

## マレーシア
### ぶくぶくと泡立つ紅茶

おなじみは、カフェラテのように泡立つ「テー・タレッ」。濃いめに煮出した紅茶に、コンデンスミルクと砂糖を加えます。

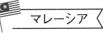

## インドネシア
### 紅茶は甘さが決め手

オランダ領だったインドネシアは、じつは紅茶大国。紅茶にたっぷり甘みを加えるのが特徴です。

# お茶の成分と健康効果

お茶を飲むとホッとするだけでなく、さまざまな健康効果が期待できます。

## お茶は栄養がたくさん！ 主成分は3つ

17世紀、イギリスで最初にお茶が販売された際のキャッチフレーズは「不老長寿の霊薬」。精力減退、不眠、胃弱、健忘症、肺炎、下痢など多くの症状に効果があると宣伝されました。これは少し大げさにしても、実際、

お茶には体にいい栄養がたっぷり。主成分である三大成分のカフェイン、テアニン、カテキンはもとより、ミネラルやビタミンも豊富に含まれます。これはどの種類にも共通し、三大成分は味や香りのもとでもあります。

### カテキン

光合成によって生成される抗酸化物質でポリフェノールの一種。お茶の苦味と渋味のもととなる。

### テアニン

お茶特有のアミノ酸の一種。旨味のほか、ほのかな甘味のもととなる。

### カフェイン

アルカロイドの一種で、爽やかな苦みのもととなる。

## 【 ビタミン類やミネラル含有量（浸出液100gあたり） 】

|  | ビタミンB$_2$ | ビタミンB$_6$ | ビタミンC | カリウム | カルシウム | マグネシウム |
|---|---|---|---|---|---|---|
| 煎茶 | 0.05mg | 0.01mg | 6mg | 27mg | 3mg | 2mg |
| 玉露 | 0.11mg | 0.07mg | 19mg | 340mg | 4mg | 15mg |
| 釜炒り茶 | 0.04mg | 0.01mg | 4mg | 29mg | 4mg | 1mg |
| 番茶 | 0.03mg | 0.01mg | 3mg | 32mg | 5mg | 1mg |
| ほうじ茶 | 0.02mg | Tr | Tr | 24mg | 2mg | Tr |
| 玄米茶 | 0.01mg | 0.01mg | 1mg | 7mg | 2mg | 1mg |
| 烏龍茶 | 0.03mg | Tr | 0 | 13mg | 2mg | 1mg |
| 紅茶 | 0.01mg | 0.01mg | 0 | 8mg | 1mg | 1mg |

※Trは、含まれているが最小記載量に達していないことを表します。

出典『八訂 食品成分表2022』より抜粋

# 【　成分別の主な効果　】

それぞれの成分が具体的に身体にどのように作用するのかを紹介していきます。

## カテキン

### 生活習慣病やガンを予防

強い抗酸化作用により、生活習慣病やガンの原因となる活性酸素から体を守ってくれる働きが期待できます。また、脂肪を吸着して体外へ排出してくれるので、メタボ対策にも。

### 風邪やインフルエンザを防ぐ

ウイルスや細菌に対する殺菌作用もあるため、風邪やインフルエンザ、O157といった感染症の予防に。また、虫歯や口臭の予防効果もあるので、食後のお茶は理にかなっています。

### アレルギー症状の抑制

カテキンは、アレルギー症状を引き起こすヒステミンの分泌を抑え、くしゃみや鼻水、かゆみなどの症状を抑えるともいわれています。

## テアニン

### リラックス効果

テアニンを摂取すると、心と体をリラックスさせるα波が出現。さらに、カフェインによる興奮作用を鎮めてくれます。これがお茶を飲むとほっとする理由です。

### ストレス軽減

テアニンを摂取すると出現するα波は脳機能にも影響があり、これがストレス緩和に。また近年、幸せホルモンと呼ばれるドーパミンを出す作用も注目されています。

## カフェイン

### 疲労回復

カフェインには運動中の疲労を軽減させる効果が期待でき、集中力を高める作用も。また、胃酸の分泌を促して消化を助けてくれるので、胃が疲れたときにもおすすめです。

### ダイエット

中性脂肪を分解する働きがあり、とくに、運動前に摂取すると、効果的に脂肪を燃焼させることがわかってきました。

## ビタミン類

### 肌の健康を保つ

美容のビタミンといわれるビタミンA（βカロテン）・C・Eが含まれ、とくにコラーゲンの生成に不可欠なビタミンCが豊富。カテキンの酸化抑制作用により、熱に強いのも利点です。

## ミネラル

### 新陳代謝を助ける

体内の水分量を調整する必須ミネラルのカリウムが豊富で、さらに、カルシウム、リン、マグネシウム、ナトリウムも。スムーズな新陳代謝をサポートしてくれます。

# お茶がおいしい理由

お茶には香りや味の成分など、多くの成分が含まれており、
さまざまな要素がお茶の風味をつくっています。

## 香り

### 烏龍茶・紅茶は風味と香りを楽しむお茶

茶の香りをもたらす成分は700種以上あります。これは三大成分など、葉にもともと含まれていた成分が、栽培・製造する過程で変化したもの。これらがからみあい、独特な香りをつくり出します。緑茶といえば爽やかな香りが特徴ですが、紅茶や烏龍茶はさらに複雑で、花や果実のような華やかな香りがします。その理由は、発酵茶の紅茶や半発酵茶の烏龍茶は、製造の過程で多くの香り成分ができるためです。

【 主なお茶の香りと成分 】

| 香りの種類 | 原因とされる物質 | 主なお茶 |
| --- | --- | --- |
| 青葉の爽やかな香り | シス-3-ヘキセナール | 緑茶 |
| 海苔のような香り | ジメチルスルフィド | 主に緑茶（玉露） |
| 柑橘系の香り | リモネン | |
| スズランのような香り | リナロール | 紅茶や烏龍茶 |
| バラのような香り | ゲラニオール | 紅茶や烏龍茶 |
| ジャスミンのような香り | ジス-ジャスモン、メチルジャスモネート | |
| 桃のような香り | ジャスミンラクトン | |
| 青苦く重い香り | インドール | 烏龍茶 |
| 加熱により生じる香ばしい香り | ピラジン類、フラン類 | ほうじ茶 |

### 味の成分

## 「旨味」は緑茶、「渋味」は紅茶

お茶の「旨味」のもとはアミノ酸。いちばん多いテアニンのほかにも15種類近く含まれ、組み合わさることで旨味が強くなります。

一方、「渋味」や「苦味」のもとは主にカテキン。テアニンは光合成によってカテキンに変化するので、カテキンは新芽に豊富で、緑茶にも多く含まれます。また、中国種より

アッサム種のほうが光合成がさかんなため、製茶前の茶葉には比較的多くのカテキンが含まれていますが、製茶時にタンニンなどの苦味成分や芳香成分に変化します。つまり、緑茶は「旨味」、紅茶は「渋味」を楽しむお茶といえます。

【　主なお茶の味の成分　】

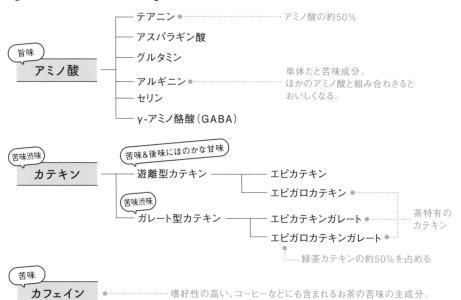

| | 煎茶 | 玉露 | 番茶 | ほうじ茶 | 烏龍茶 | 紅茶 |
|---|---|---|---|---|---|---|
| アミノ酸 | 2〜3% | 4〜6% | 2〜2.5% | 0.5〜1% | 1% | 1.5% |
| カテキン類 | 12〜13% | 9〜10% | 12.5〜13.5% | 9〜10% | 6.1% | 8.6% |
| カフェイン | 2.5〜3.5% | 3〜4% | 2〜2.5% | 1.5〜2% | 3.9% | 3% |

【　お茶別の成分の割合　】

出典『お茶の科学』講談社

47

# お茶のつくり方

「チャ」が茶になるまでにはいくつもの工程があります。その道のりを簡単に説明します。

## 基本は「摘む」「揉む」「乾燥」

原料となる葉を「摘む」、お茶の成分がよく出るように「揉む」、保存性を高めるために「乾かす」という3つは、どの種類のお茶であっても共通する基本の工程です。また、新芽がおいしいとされるのも、先端の葉芽と2枚の葉、あるいは3枚の葉を摘むのも同じです。異なるのは、その後の工程。いつ、どのタイミングで「揉む」か、加熱や発酵などの工程をプラスするかどうかにより、個性のちがう多彩なお茶が生まれます。

【 お茶の大まかな製造工程 】

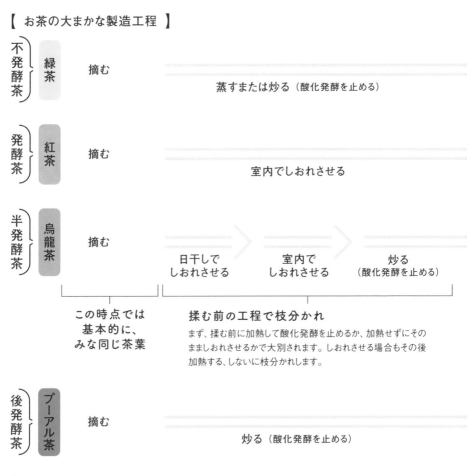

不発酵茶　緑茶　摘む　蒸すまたは炒る（酸化発酵を止める）

発酵茶　紅茶　摘む　室内でしおれさせる

半発酵茶　烏龍茶　摘む　日干しでしおれさせる　室内でしおれさせる　炒る（酸化発酵を止める）

この時点では基本的に、みな同じ茶葉

**揉む前の工程で枝分かれ**
まず、揉む前に加熱して酸化発酵を止めるか、加熱せずにそのまましおれさせるかで大別されます。しおれさせる場合もその後加熱する、しないに枝分かれします。

後発酵茶　プーアル茶　摘む　炒る（酸化発酵を止める）

## 荒茶とは？

　下のような製造工程で茶葉を加工し、乾燥まで行った状態のお茶を「荒茶」といいます。荒茶の状態だと、大きさが不ぞろいだったり茎などが混ざっていたりするので、品質を一定にするために仕上げを行います。

### 日本茶の場合

仕上げ工場に運び煎茶や玉露などの商品に仕上げます。取り除いた部分は「出物」と呼ばれ、茎茶や粉茶として販売されることも。

### 紅茶の場合

大規模工場で製造されるため、荒茶の製造も、仕上げも1つの工場で一貫して行うことも多いようです。

> 揉む（粗揉→揉捻→中揉→精揉）　→　乾かす　→　荒茶が完成

> 揉む　発酵　→　乾かす　→　荒茶が完成

> 揉む　→　乾かす　→　荒茶が完成

### 揉んで成分を抽出しやすくする

葉を丸めたりねじったりして揉んで、葉の細胞を破壊しつつ、水分を蒸発させます。その後、さらに発酵などの工程があるお茶も。

### 室内・屋外・時間もいろいろ

天日干し、室内で熱風乾燥、乾燥機にかけるなど、方法も場所もいろいろ。どの程度の水分量を残すかにより、所要時間も異なります。

> 揉む　カビづけ　→　乾かす　→　完成

# 数字で見るお茶Q&A

世界のお茶の現状を数字で見てみましょう。

## Q 世界一お茶を飲んでいる国は?

【 お茶の消費量トップ10（2018〜2020年） 】

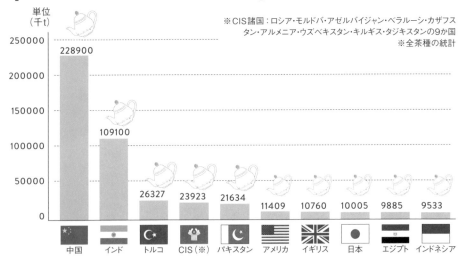

単位
（千t）

※CIS諸国：ロシア・モルドバ・アゼルバイジャン・ベラルーシ・カザフスタン・アルメニア・ウズベキスタン・キルギス・タジキスタンの9か国
※全茶種の統計

- 中国 228900
- インド 109100
- トルコ 26327
- CIS（※） 23923
- パキスタン 21634
- アメリカ 11409
- イギリス 10760
- 日本 10005
- エジプト 9885
- インドネシア 9533

出典『INTERNATIONAL TEA COMMITTEE』

【 一人当たりのお茶の消費量トップ7（2018〜2020年） 】

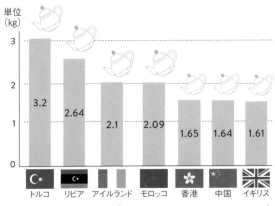

単位
（kg）

- トルコ 3.2
- リビア 2.64
- アイルランド 2.1
- モロッコ 2.09
- 香港 1.65
- 中国 1.64
- イギリス 1.61

出典『INTERNATIONAL TEA COMMITTEE』

## A 中国が圧倒的 全体的に中東も多い

　最も多く消費しているのは中国。次いでインドと、人口の多い国が続きます。一方、一人当たりのお茶の消費量ではトルコが1位で2位がリビア。イスラム諸国が多いのは、原則として飲酒が禁止されている影響があるようです。ちなみに日本は前者が8位で後者が24位。

# Q 世界一お茶を生産している国は？

## A 中国が断トツトップ！　アジアがほとんど

　生産量でも中国が圧倒的。2位以降は紅茶の生産地が続きますが、全体で見るとアジアが87%を占め、日本は10番目。種類別では紅茶が全体の55%ほど。近年は緑茶の健康効果が注目され、紅茶の生産地でも緑茶の生産が増えているので、今後は勢力図が変わるかもしれません。

### 【　茶の生産量トップ5　】

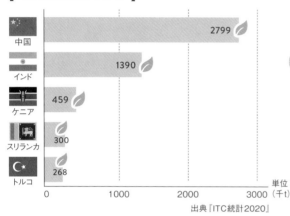

中国　2799
インド　1390
ケニア　459
スリランカ　300
トルコ　268

0　1000　2000　3000
単位（千t）

出典『ITC統計2020』

### 【　世界の茶生産の内訳　】

紅茶
**55**%
(3,396,000t)

緑茶
**32**%
(1,966,000t)

その他（烏龍茶等）
**13**%（788,000t）

出典『ITC統計2020』

# Q 日本一お茶を飲む地域は？

## A 産地やライフスタイルの傾向による

　総務省統計局の家計調査（2人以上の家計・県庁所在地と政令指定都市）によると、種類別の消費量は地域の特性によって変わってくるようです。緑茶の1位、2位がお茶処・静岡県なのは、納得するところ。また、紅茶に関しては、パンの消費量が高い地域とリンクするようです。

### 【　茶種別　茶の購入量　】(単位：g)

#### 緑茶

| | |
|---|---|
| 静岡市（静岡県） | 1,828 |
| 浜松市（静岡県） | 1,298 |
| 相模原市（神奈川県） | 1,179 |
| 長崎市（長崎県） | 1,158 |
| 奈良市（奈良県） | 1,116 |

#### 紅茶・中国茶（烏龍茶、プーアル茶含む）

| | |
|---|---|
| 神戸市（兵庫県） | 378 |
| 京都市（京都府） | 340 |
| 横浜市（神奈川県） | 305 |
| 新潟市（新潟県） | 301 |
| 奈良市（奈良県） | 296 |

出典『家計調査』総務省統計局

# 世界のお茶紀行

##  ロシアのサモワール

### サモワールを沸かして飲む濃いめの紅茶

サモワールとはロシア語で「自ら沸かす」という意味の、金属製の湯沸かし器。中に炭などの燃料を入れ、周りの空洞に水を注いで沸騰させ、ティーポットをのせて保温します。その昔、極寒の冬のロシアでは暖房機の役目も果たし、サモワールで1日中湯を沸かしていつでも紅茶が飲めるようにしていたそうです。ロシアにお茶が伝わったのは17世紀前半。モンゴルからロシア皇帝への献上品でした。

飲み方は、まず「ザワルカ」と呼ばれる濃いめの紅茶をつくってティーポットに入れ、サモワールで保温します。飲むときは「スタカン」と呼ばれる取っ手付きのグラスに注ぎ、サモワールの蛇口から湯を足して好みの濃度に調整します。レモンを浮かべたり、果実のコンポート（ヴァレーニエ）やはちみつ、砂糖で甘くしたり、ウォッカを添えて楽しみます。紅茶にジャムを入れたものを日本では「ロシアンティー」と呼びますが、これは保存用のヴァレーニエと一緒にお茶を楽しむロシアの文化が日本流にアレンジされた飲み方です。

# 第 **2** 章

# お茶の 基本を知ろう ❶緑茶

日本でつくられているお茶のほとんどは緑茶。
種類豊富な緑茶について、
理解を深めていきましょう。

# 緑茶とは?

**緑茶は、茶葉を酸化発酵させずにつくる不発酵茶です。**

## 緑茶は日本以外でもつくられている

　お茶には、酸化発酵させずにつくるお茶と、茶葉を酸化発酵させてつくるお茶の2種類があります。茶葉本来の味や機能を楽しむため、摘んですぐの茶葉に熱処理を加え、酸化発酵を止めてつくるのが緑茶です。一方、茶葉を酸化発酵させることで香りや成分を調整するのが烏龍茶や紅茶です。

　さて、日本でつくられているお茶はほとんどが緑茶ですが、じつはお茶大国、中国も、お茶の生産量の75%を緑茶が占めています。ちなみに中国茶のひとつである、ジャスミン茶も花の香りをつけた緑茶です。中国茶については3章で説明します。

## 【　緑茶の種類　】

緑茶にはつくり方のちがいで、さまざまな種類があります。

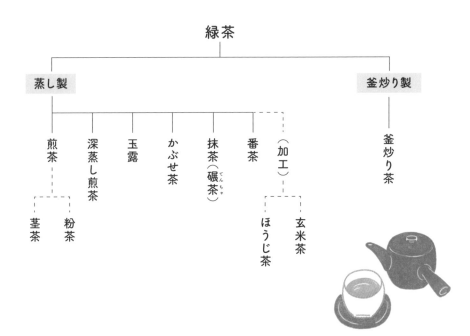

```
                          緑茶
        ┌──────────────────────────┴──────────────┐
      蒸し製                                   釜炒り製
   ┌──┬──┬──┬──┬──┬─ ─┐                        │
  煎茶 深蒸し 玉露 かぶせ 抹茶 番茶 (加工)              釜炒り茶
      し煎茶       せ茶 (碾茶)
  ┌─┴─┐                          ┌─ ─┴─┐
 茎茶 粉茶                      ほうじ茶 玄米茶
```

## 中国の緑茶とのちがいは「殺青」の方法

　緑茶づくりにおいては、茶葉に熱を加えて酸化発酵を止める「殺青」という作業が欠かせません。殺青の方法には主に「蒸す」「炒る」がありますが、日本緑茶と中国緑茶では、この殺青の方法が異なります。

　日本緑茶は18世紀頃に京都で誕生した「蒸し製」の製茶方法が主流。蒸気を使って高温で蒸すことで素早く、まんべんなく殺青します。一方、中国緑茶は、釜で炒る「釜炒り製」。釜で炒ることで、蒸し製とは異なる香ばしい香りが生まれます。日本でも釜炒り茶が九州でごくわずかに生産されています。

## 【 2つの緑茶のつくり方 】

日本の緑茶、中国の緑茶の殺青のちがいを比べてみましょう。
あくまでも主流のちがいで、例外は多くあります。

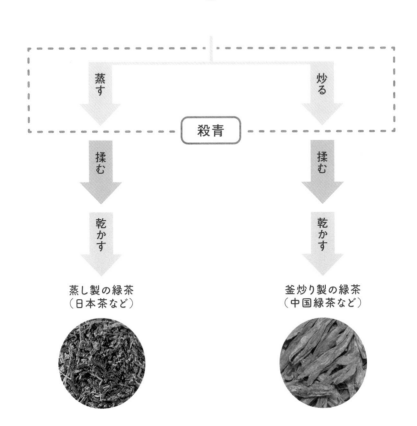

摘む

蒸す　　　　　炒る

殺青

揉む　　　　　揉む

乾かす　　　　乾かす

蒸し製の緑茶　　　　釜炒り製の緑茶
（日本茶など）　　　（中国緑茶など）

# 日本茶の歴史

「日本茶」は日本でつくられている緑茶のこと。その歴史は奈良時代に遡ります。

奈良～平安時代

## 初めてお茶を飲んだ日本人

世界初のお茶専門書『茶経』が書かれ、すでにお茶文化が広まっていた古代中国の唐時代。日本では唐の進んだ文化を学ぶため遣唐使が派遣されていました。遣唐使として唐に渡った永忠や空海、最澄などの留学僧は、中国で飲まれていた固形茶を日本に持ち帰ったといわれています。高貴な人たちの間で飲まれていたようです。

鎌倉時代初期

## 栄西が茶を伝える

日本臨済宗の開祖、明庵栄西は、宋に2度留学。宋のお茶文化を持ち帰り、日本に喫茶の習慣を広めた立役者です。チャの種を持ち帰り栽培を広めたともいわれますが、真相は定かではありません。

**功績1**

抹茶法を日本に伝える

栄西が宋から持ち帰ったのは、「抹茶法」。蒸した茶葉を細かく砕き、そこに湯を注いで泡立てて飲んでいたそうです。

**功績2**

『喫茶養生記』を記す

お茶の効能や製造法のほか、薬用植物の活用法にも触れた、日本初の茶の専門書を執筆。お茶の効能が説かれたことで、喫茶習慣が普及しました。

**功績3**

宇治茶の発展に寄与

宇治茶は、栄西からチャの種をもらい受けた僧、明恵が、京都栂尾の高山寺で栽培したのが始まりともいわれています。

| 710年 | 794年 | 1185年 |
|---|---|---|
| 奈良時代 | 平安時代 | 鎌倉時代 |

## 鎌倉時代末期

### お茶のテイスティングバトル 「闘茶」が流行

京都栂尾でつくられたお茶を「本茶」、それ以外のお茶を「非茶」とし、香りや味で本茶を当てる遊び「闘茶」が武家や貴族の間で流行。豪華な景品が出る賭け事として楽しまれていました。しかし闘茶をきっかけに賭け事が広まり、のちに足利尊氏により禁止されます。

## 1450年頃～1600年頃

### 茶の湯が大成していく (p.37)

## 1632年

### 御茶壺道中が始まり宇治茶が江戸で尊ばれる

お茶は江戸幕府の儀礼に取り入れられ、武家社会に欠かせないものに。江戸幕府は毎年新茶ができる時期になると、御用茶壺を宇治へ送り、極上の宇治茶を詰めて江戸へと運ばせました。この儀式は御茶壺道中と呼ばれ、約240年続けられました。

江戸時代に描かれた御茶壺道中の図。茶壺が担がれ、周囲を武士が警護しています。「御茶壺之巻」（国立国会図書館）

| 1333年 | | 1573年 | 1603年 |
|---|---|---|---|
| 室町時代 | | 安土桃山時代 | 江戸時代 |

57

## 1650 年頃

### 隠元が釜炒り茶（煎茶）を日本に伝える

中国、明の時代には、固形茶でも抹茶法でもない、釜で炒る製法が生まれます。それを日本に伝えたのが、明から日本に渡来した高僧、隠元です。隠元は日本黄檗宗の開祖であり、萬福寺を建立。黄檗宗とともに釜炒り茶（煎茶）も日本に広まっていきます。

## 1738 年

### 永谷宗円が蒸し煎茶の製法を考案

お茶が庶民に広がり始めた頃、京都宇治では新しいお茶の製法が誕生しました。製茶業を営んでいた永谷宗円は、現在の緑茶の原型となる、蒸気で蒸す→揉む→乾燥させるという「青製煎茶製法」を開発。鮮やかな緑色で甘味のあるお茶は評判となり、全国の茶産地に広がります。

## 1735 年

### 庶民に煎茶が広まる

上流階級の文化だったお茶を庶民にまで広めたのが売茶翁。禅僧だった売茶翁は、60歳を過ぎてから「通仙亭」という茶店を始め、身分を問わず禅を説きながらお茶をふるまったといいます。「通仙亭」は日本初の喫茶店といわれています。

（ 売茶翁と交流した人物 ）

・伊藤若冲 ・池大雅
・与謝蕪村 ・永谷宗円

## 1835 年

### 山本嘉兵衛が玉露を考案

永谷宗円が開発した蒸し煎茶を大絶賛し江戸に広めたのが、江戸の茶商、山本嘉兵衛。後に6代目嘉兵衛が碾茶用の新芽から「玉露」をつくり上げ、「甘露の味がする」と評された高級茶がここに誕生しました。

1868年

江戸時代

明治時代

## 1858 年

### 開国によりお茶の輸出が始まる

日米修好通商条約を機に、お茶産業は世界市場へと進出します。その先駆者となったのが、女性貿易商の大浦慶。彼女は約6tものお茶の輸出を成功させ、お茶の輸出貿易を軌道に乗せました。生産地では製茶の機械化も進み、お茶は花形輸出品として発展していきます。

大浦慶

## 明治〜昭和初期

### 文豪に愛されるお茶

お茶が日本人に欠かせない習慣になっていたことは、当時の文学作品からも読み取れます。太宰治の随筆には茶屋でお茶を飲むシーンが書かれ、夏目漱石は自身のお茶に対する考えを登場人物に語らせています。梶井基次郎にいたっては、遺言により棺に茶葉を詰めたといいます。

夏目漱石

太宰治

梶井基次郎

## 1932 年

### 玉緑茶が誕生

昭和初期になると日本茶の輸出量は減少。販路を広げるため、輸出先の好みに合わせたお茶「玉緑茶」が開発されました。釜炒り茶に似ていたため、釜炒り茶は「釜炒り製玉緑茶」と呼ばれました。

## 戦後（1945 年〜）

### 高度経済成長期に飛躍

日本が高度成長期に突入すると、輸出量は減少したものの、高級志向が高まったために国内の消費量が増加。1960年代には国内消費用のお茶が不足し、緑茶の輸入が始まりました。

## 昭和末〜

### 機能性を重視した新しいお茶

低カフェインやノンカフェインのお茶、健康機能を付加したお茶が人気を博すようになりました。農林水産省の茶業試験場で偶然開発された「ギャバロン茶」は、血圧上昇の抑制に有効といわれています。

| 1912年 | 1926年 | | 1989年 | 2019年 |
|---|---|---|---|---|
| 大正時代 | 昭和時代 | | 平成時代 | 令和 |

（すべて国立国会図書館）

# 日本茶の種類

日本茶は、茶葉の栽培法や製法や収穫時期によりさまざまな種類があります。

最もポピュラーな緑茶
## 煎茶

現在、日本で生産されているお茶の7割を占めているのが煎茶。かつては煎じて（煮出して）飲むお茶のことを「煎茶」と言いましたが、江戸時代に日本独自の「青製煎茶製法」(p.58)が確立されてからは、摘んだ茶葉を蒸したあと、数段階にわたり揉みながら乾燥させる製法でつくられたお茶のことを指すようになりました。揉むことで茶葉の組織が壊れるため、お茶のもつ成分が浸出しやすく、新鮮な色や香りを堪能することができます。

濃いけど渋味は少ない
## 深蒸し煎茶

煎茶の中には「深蒸し煎茶」という種類があります。これは、通常よりも茶葉の蒸し時間を長くした煎茶のこと。長い加熱により色や味が濃く、苦味や渋味が抑えられたまろやかな味になります。深蒸しではない煎茶を区別して「普通煎茶」と呼ぶこともあります。

### 煎茶と深蒸し煎茶のちがい

| | 煎茶 | 深蒸し煎茶 |
|---|---|---|
| 蒸し時間 | 短い | 長い |
| 茶葉 | 細長い | 細かい |
| 水色 | 淡い | 濃い |

普通の煎茶は蒸し時間が30〜40秒なのに対し、深蒸し煎茶はその2〜3倍長く蒸します。長く蒸すと葉が柔らかくなるため、揉むと茶葉が崩れ、細かい葉や粉が多くなります。

最高ランクの緑茶

# 玉露

玉露は、限られた産地でしか生産されていない、希少価値の高いお茶です。製法は煎茶と同じですが、異なるのはチャの木の栽培法。茶摘み前の約20日間、茶園全体に覆いをかぶせる「被覆栽培」を行います。日光を遮ることで旨味成分が渋味成分に変わるのを防ぎ、葉が柔らかくなります。そんな新芽でつくられる玉露は、強い旨味と甘味、そして「覆い香」と呼ばれる独特の香りを楽しむことができます。

江戸時代の宇治茶栽培の図。チャの木を覆うには、現在は黒い遮光ネットを使用することが多いが、かつてはよしずで覆っていました。「宇治製茶之図」(メトロポリタン美術館)

玉露と煎茶の魅力をもつ

# かぶせ茶

かぶせ茶も玉露と同じく「被覆栽培」をしているお茶ですが、覆いをかぶせるのは茶葉を摘む前だけ。その範囲も茶園全体ではなく、うねごとに覆いをかぶせるのが特徴です。煎茶のもつ香りや渋味は残りつつも、玉露のような旨味も感じられます。煎茶と玉露の中間に位置するようなお茶です。代表的な産地は三重県で、西日本を中心に出回っています。

## 中国から伝わった香ばしいお茶
# 釜炒り茶

## 茶葉の栄養がまるごと
# 抹茶

茶葉を蒸すのではなく、釜で炒ることで発酵を止める釜炒り茶。江戸時代に中国から伝わった方法で、中国を中心に、世界的にはこの方法が主流ですが、日本では現在、九州地方のみでつくられている種類です。釜で炒っているため、「釜香」といわれる香ばしい香りが特徴で、クセのないあっさりした味わい。「釜炒り製玉緑茶」ともいわれます。

抹茶は「碾茶」という茶葉を茶臼で細かく挽いて粉末状にしたもの。粉末を湯に溶かし、茶筅で泡立てていただくお茶です。通常、茶殻に残ってしまうビタミンEや食物繊維なども、粉状であればまるごと摂取できるのが利点です。原料である碾茶は、玉露と同じように「被覆栽培」でつくられているので、口に含めば上品な旨味が広がります。

## 茎の部分を集めたお茶
# 茎茶

## 釜炒り茶を蒸し製にアレンジ
# 玉緑茶

茎茶とは、出物（p.49）の中から、茎の部分を集めたお茶のこと。もちろん茎以外の葉も混ざりますが、茎ならではの若々しい爽やかな香りが好ましいお茶です。玉露の茎でつくった「雁が音」は、茎茶の中でも高級です。

釜炒り茶の殺青を「蒸し製」に変えてつくられたのが、玉緑茶です。大正時代末期、ロシアへの輸出用につくられたのが起源。煎茶と同じ蒸す製法を使いつつも、形は勾玉形のカールした形になります。別名「グリ茶」ともいいます。

## 小さな玉がたくさん！
# 芽茶

煎茶や玉露をつくる際に生まれる細かい茶葉を集めたお茶。それらは、葉に成長しきれていない芽や葉の先端です。成長途中の芽の中には旨味がたくさん詰まっていて、濃厚な味と香りを楽しめます。

## 寿司屋のお茶で知られる
# 粉茶

煎茶をつくる過程で出てくる、細かい茶葉を集めたお茶です。寿司屋のあがりのお茶として知られており、さっぱりとした後味です。

### 低刺激で香ばしい
# ほうじ茶

煎茶や番茶を、強火で褐色になるまで炒ったお茶のことを指します。炒ることで出る香ばしい香りが魅力ですが、それ以外にも、茶葉を炒ることで苦味渋味成分が緩和され、カフェインも少なくなります。口当たりがよく、胃にもやさしいお茶です。

### 煎茶や番茶と炒った玄米をブレンド
# 玄米茶

炒った玄米を、煎茶や番茶に混ぜたものを玄米茶といいます。基本的には玄米とお茶は1対1で混ぜますが、割合を変えて味の変化を楽しむことも。さっぱりした味わいの中に広がる香ばしい風味が、外国の方にも人気のお茶です。

### 気軽に飲める庶民のお茶
# 番茶

番茶の定義は地方や産地によってさまざまあります。一番茶や二番茶のあと、秋頃に摘まれるお茶を番茶とすることもあれば、煎茶の材料から選別した硬い葉を使うことも。一番茶のような旨味はありませんが、摘む時期が遅くなるほど葉のカテキン量が多くなり、健康効果も期待できます。

番茶

京番茶

> こんな緑茶も!

### 楽しみ方いろいろ
# フレーバード緑茶

抹茶をはじめ、海外でも緑茶人気が高まっている昨今。緑茶に果実の香りや花びらをブレンドしたフレーバードティーもいろいろ登場しています。ぜひ試してみてください。

緑茶×りんご

緑茶×グレープフルーツ

# 日本茶ができるまで

茶の苗を植え収穫するまでには4年、商品になるにはさらにさまざまな工程があります。

## 煎茶・深蒸し煎茶・玉露のつくり方

### ① 摘む（摘採〈てきさい〉）

八十八夜にあたる4月下旬〜5月初旬に、茶園では一番茶の茶摘みが始まり、夏までに二番茶、三番茶と続きます。収穫した生葉は傷つけないようにして工場へ運びます。

**機械摘み**

機械（摘採機）を使った摘採が主流。乗用型やレール走行式など、さまざま種類があり、手摘みに近い摘採ができる機械もあります。

**手摘み**

手でひとつひとつ摘み採る方法です。茶葉を傷つけずに採れるので、上質なお茶をつくるときや、玉露や碾茶の茶園で行われます。

### ② 蒸す（蒸熱〈じょうねつ〉）

摘んだ茶葉はできるだけ早く荒茶製造工場へ運び、蒸気の中へ入れて蒸します。熱を加えることで生葉の酸化発酵を止める、緑茶ならではの工程です。深蒸し煎茶の蒸し時間は、煎茶の約2〜3倍。

### ③ 冷却

蒸して熱々になった茶葉を冷却します。葉の表面の水分を取り除きつつ粗熱をとります。

### ④ 揉む（粗揉〈そじゅう〉→揉捻〈じゅうねん〉→中揉〈ちゅうじゅう〉→精揉〈せいじゅう〉）

成分が出やすくなるよう、茶葉を揉んでいきます。同時に、茶葉の酸化を防ぎ保存に耐えられるようにするため、熱を加えて乾燥させていきます。

**粗揉**

茶葉を粗揉機という機械に入れ、熱風で手揉みのように圧力を加えながら乾燥させます。

**揉捻**

熱を加えずに茶葉を機械の中で回転させながら揉みます。茎部分の水分を揉み出し、茶葉の水分を均一にします。

**中揉**

再び熱風を当てて茶葉を揉みます。葉を乾燥させながら、形を細長く整えていきます。

**精揉**

最後に熱と力を加えながら揉み、形を細長い針状に整えます。この段階で茶葉の水分含有量は10〜13%です。

## ⑤ 乾燥

熱風を当て、茶葉の形を整えながら乾燥させていきます。貯蔵しても品質が落ちることのないよう、茶葉の水分含有量が5%になるまで乾燥させます。

## ⑥ 荒茶完成、仕上げへ

茶葉の発酵を止め、成分が出やすいようにしつつ保存できる状態にしたのが荒茶。いわば、茶葉の処置を終えただけの状態です。仕上げを行う工場では、荒茶を種類や大きさごとに選別、ふるい分けし、再乾燥やブレンドなどを行って、商品として提供できるように仕上げていきます。

## ⑦ 選別・整形

荒茶から小さな破片や粉をふるい分けます。大きな葉などは切断され、茶葉の大きさもそろえられていきます。さらに、風力や静電気などによって茶の軽い部分（木茎部分）を分離し、「本茶（仕上げ茶）」と「出物」を選別していきます。

## ⑧ 火入れ・乾燥

選別された茶葉は、それぞれの形状に合わせて最後の火入れを行います。ここで水分3%を目安に乾燥させます。一般的に新茶や上級茶は低温で火入れすることで香りを残し、中級茶や番茶は高温で火入れをして香ばしさを出します。

## ⑨ 合組

求められる品質に合わせ、何種類かのお茶をブレンドし、調整します。お茶の配合は職人（利き茶師）によって決められます。

## 煎茶のつくり方（手揉み製法）

　品評会向けの上級煎茶や玉露などは、すべての工程を手作業で行います。茶葉を蒸し器で蒸したあと、うちわで粗熱をとり、「焙炉」という加熱した台の上でふるって表面水分をとります。次に、回転揉み→玉解き→揉み切り→転繰り揉み→こくりと、それぞれの用途に合わせた揉み技を両手で行い、茶葉を形成していきます。乾燥させ仕上がった茶葉は、つややかで美しい針状をしています。

**①** 摘む ➡ **②** 蒸す ➡ **③** 冷却 （葉ふるい・露切り） ➡

**④** 揉む（回転揉み→玉解き・中上げ→揉み切り・中揉み→転繰り揉み→こくり） ➡

**⑤** 乾燥 ➡ **⑥** 仕上げ

## 釜炒り茶のつくり方

　釜炒り茶は、摘んだ茶葉を蒸す代わりに、炒ることで殺青をします。400℃に熱した炒り葉機で攪拌しながら炒っていくと、釜炒り茶特有の「釜香」がつきます。煎茶のように形をまっすぐに形成する必要がないので、揉む工程が大幅に省かれていますが、勾玉状の形の茶葉には水分が残りやすいため、水乾→締め炒り→乾燥と、3種の乾燥の工程を踏みます。

**①** 摘む ➡ **②** 炒り葉 ➡ **③** 揉む （揉捻） ➡

**④** 乾燥 （水乾→締め炒り→乾燥） ➡ **⑤** 仕上げ

## 玉緑茶のつくり方（蒸し製法）

　煎茶の製造工程とほとんど同じですが、茶葉の形を針状に整える「精揉」という工程だけがありません。代わりに仕上げ再乾という工程が入り、回転式ドラムの中で茶葉を攪拌しながら乾燥させることで、独特な勾玉状の形ができあがります。

**①** 摘む ➡ **②** 蒸す ➡ **③** 冷却 ➡ **④** 揉む （粗揉→揉捻→中揉） ➡

**⑤** 乾燥 （仕上げ再乾→乾燥） ➡ **⑥** 仕上げ

## 抹茶のつくり方

抹茶は日光を遮って育てる「被覆栽培」という方法でできた碾茶を使ってつくります。茶葉を蒸したあと、散茶機で葉をバラバラにしながら冷まします。その後、乾燥、茎などを取り除く「木茎分離」のあと、再び乾燥を行い碾茶の荒茶が完成します。後に粉状にするため、木茎分離しやすいよう揉む作業を一切行わないのが特徴で、煎茶の1/3の時間で荒茶ができます。この荒茶を石臼などで挽いて粉末状にしたものが抹茶です。

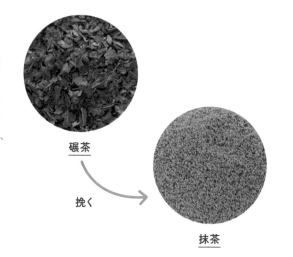

碾茶

挽く

抹茶

① 摘む ➡ ② 蒸す ➡ ③ 冷却（散茶）➡ ④ 乾燥（荒乾燥→本乾燥）
➡ ⑤ 木茎分離 ➡ ⑥ 煉り乾燥 ➡ ⑦ 碾茶完成 ➡ ⑧ 仕上げ

## チャの木の
### 花や実はどんなもの？

お茶はチャの木の葉を使用しますが、チャの木はツバキに似た白い花を咲かせ、実がつきます。実の中には、3個の種が入っており、熟すと表皮がはじけ、その後落下します。お茶の栽培では挿し木で育てるので、種子を実らせる必要はありません。
花が咲くと木が弱っているとされ、古くから花が咲かないように栽培管理されてきました。そのため、茶畑ではあまり花を見ないのかもしれません。
種子は、別の商品に使用されることもあります。日本では生産量も少なくあまり流通していませんが、チャの木の種子の油分にはオレイン酸やリノール酸などの有効成分が含まれているため、食用油や化粧用オイル、シャンプーなどに利用されることもあります。

【 茶油の利用例 】

・茶油ドレッシング
・茶油美容液
・シャンプー

# 日本茶の主な産地

日本各地で多種多様な日本茶がつくられています。

## お茶の産地と銘柄

世界で最初のお茶の専門書『茶経』にて、「茶は南方の嘉木」と記されているとおり、チャの木は温暖な気候を好む植物です。年平均気温は14〜16℃、通気性がよく湿潤な土地が栽培には適しています。

日本では本州中部や南西の地域に産地が多い傾向です。日本海側の寒冷地であっても、積もった雪がチャの木を低温から守るなど、自然とうまく共存し産地特有の銘柄を生み出しています。

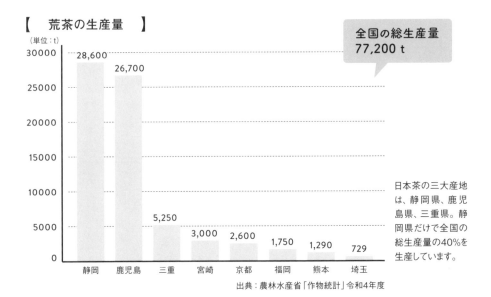

【　荒茶の生産量　】

（単位：t）

全国の総生産量
77,200 t

- 静岡　28,600
- 鹿児島　26,700
- 三重　5,250
- 宮崎　3,000
- 京都　2,600
- 福岡　1,750
- 熊本　1,290
- 埼玉　729

日本茶の三大産地は、静岡県、鹿児島県、三重県。静岡県だけで全国の総生産量の40%を生産しています。

出典：農林水産省「作物統計」令和4年度

【　茶種別の主な産地と荒茶生産量　】（2020年）

|  | 煎茶の生産量 | 玉露の生産量 | 碾茶の生産量 | 番茶の生産量 |
|---|---|---|---|---|
| 1位 | 静岡県（15,013t） | 三重県（297t） | 鹿児島県（800t） | 静岡県（9,431t） |
| 2位 | 鹿児島県（14,100t） | 京都府（131t） | 京都府（622t） | 鹿児島県（8,400t） |
| 3位 | 宮崎県（1,752t） | 福岡県（40t） | 静岡県（455t） | 三重県（1,133t） |

出典：全国茶生産団体連合会調べ『令和3年版日本茶業中央会茶関係資料』

## 【 日本の産地と主な銘柄 】

**滋賀県**
甲賀のお茶
政所茶

**京都府**
宇治茶
宇治煎茶
宇治玉露
宇治碾茶
宇治抹茶

**岐阜県**
美濃白川茶

**新潟県**
村上茶

**宮城県**
桃生茶

**福岡県**
八女茶
福岡の八女茶
八女抹茶
焙炉式八女茶

**石川県**
加賀棒茶

**茨城県**
奥久慈茶
古内茶
さしま茶

**奈良県**
大和茶

**埼玉県**
狭山茶
河越抹茶

**佐賀県**
嬉野茶

**神奈川県**
足柄茶

**静岡県**
静岡茶
川根茶
掛川茶
東山茶
深蒸し掛川茶

**愛知県**
西尾茶
西尾の抹茶

**高知県**
土佐茶

**熊本県**
くまもと茶
球磨茶

**三重県**
伊勢茶
伊勢本かぶせ茶

**鹿児島県**
知覧茶
かごしま知覧茶
霧島茶

**宮崎県**
高千穂釜炒り茶

**沖縄県**
やんばる茶

### Pick up

**神奈川県**
#### 足柄茶
(あしがらちゃ)

お茶の品質を決める全窒素という成分の多い土壌でゆっくり成長するので、旨味が多く渋味が少ない。

**奈良県**
#### 大和茶
(やまとちゃ)

弘法大師が唐から持ち帰ったチャの種でつくったお茶が起源。高原で育まれた旨味の強いお茶。

**佐賀県**
#### 嬉野茶
(うれしのちゃ)

嬉野は、中国から釜炒り製法が伝えられた、日本初の釜炒り製法の産地。香ばしくすっきりした味わい。

**愛知県**
#### 西尾の抹茶
(にしお)

温暖な気候と水はけのよい赤土層に恵まれた土地で、碾茶を栽培。昔ながらの手摘みの上質な抹茶。

**福岡県**
#### 八女茶
(やめちゃ)

茶畑のある標高200〜300mの山間部は昼夜の気温差が大きいため、質のよいお茶ができます。

**宮崎県**
#### 高千穂釜炒り茶
(たかちほ)

神話が残る高千穂において「神が育んだお茶」といわれる、さっぱりした喉ごしのよいお茶。

## 静岡県　生産量第1位！ 日本が誇る緑茶の産地

　温暖な気候で日照時間が長い、お茶栽培に適した土地である静岡県は、お茶の栽培面積、生産量、ともに全国トップです。

　古くは鎌倉時代、聖一国師という高僧が中国から持ち帰った種子を駿河足窪（現・静岡市足久保）に植えたのがお茶栽培の始まりだといわれています。転機となったのは明治時代で、横浜開港によりお茶が主要な輸出品のひとつとなると、県下各地に茶園が開かれ、お茶産業が大きく発展しました。現在、静岡県には8つの茶産地があり、それぞれのブランドが確立されています。

【　静岡県の有名な産地　】

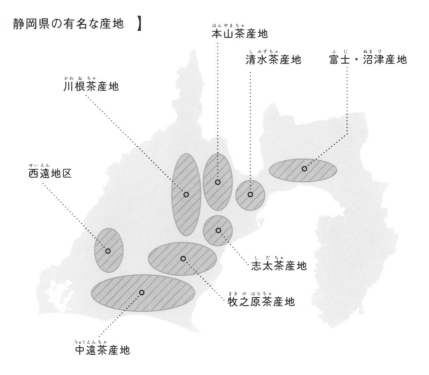

本山茶産地
清水茶産地
富士・沼津産地
川根茶産地
西遠地区
志太茶産地
牧之原茶産地
中遠茶産地

## 旧幕臣らが開拓した牧之原台地

　静岡県中部にある牧之原茶産地は、かつては荒れ果てた不毛の地でした。しかし明治時代初期、職を失った徳川藩士や川越人足たちが牧ノ原台地を開墾。約10年をかけて大規模な茶園を形成し、現在まで日本有数のお茶の産地として受け継がれています。

## Pick up
### 鹿児島県　年に5回も収穫可能!?　日本一早いお茶の産地

　お茶の生産量全国第2位の鹿児島県には、シラス台地のなだらかな地形を活かした大規模な茶園が県内全域に広がっています。そのほとんどが平坦地で、どの茶園でも日光をふんだんに浴びることができること、また年間を通して温暖な気候であることを活かし、早生(わせ)から晩生(おくて)種まで、多くの品種を栽培しています。

　さらに、早くから機械化を取り入れ作業を効率化したことで、一番茶から四番茶、秋冬番茶まで、年に5回も収穫できるようになり、生産量を伸ばしました。とくに3月末から収穫可能な「走り新茶」は、日本一早い新茶として人気です。

【　鹿児島県の主な産地　】

霧島市(きりしま)

曽於市(そお)

志布志市(しぶし)

枕崎市(まくらざき)

南九州市(みなみきゅうしゅう)

鹿屋市(かのや)

### 一大産地となった知覧茶(ちらんちゃ)

　南九州市で生産されている「知覧茶」。かつては「知覧茶」「頴娃茶(えいちゃ)」「川辺茶(かわのべちゃ)」とそれぞれ独立した茶ブランドだったものを統一。市町村単位の生産量では日本1位となりました。茶品評会では「産地賞」「農林水産大臣賞」なども受賞し、品質の高さも認められています。

# 宇治（京都府）　日本を代表する茶どころ

鎌倉時代、栄西からチャの種をもらいうけた明恵がお茶を栽培したのが宇治。宇治茶の歴史の始まりが日本茶の始まりでもあったとされています。その信憑性は定かではありませんが、茶栽培に最適な気候を備えていた宇治では茶園が広がり、室町時代、3代将軍足利義満が「宇治七茗園」という茶園をつく

ったことで、銘茶の産地として全国に知られるようになりました。

現在の製茶法につながる「青製煎茶製法」や玉露の被覆栽培は宇治で開発され、全国へ広まったものです。現在では碾茶と玉露を中心に、品質を重視した茶栽培が行われています。

## 【 宇治七茗園 】

- ・朝日園
- ・川下園
- ・祝園
- ・宇文字園
- ・森園
- ・琵琶園
- ・奥の山園

江戸時代の宇治茶栽培の図。「宇治製茶之図」（メトロポリタン美術館）

# 狭山（埼玉県）

## 寒い冬を乗り越えた深みのある味わいが人気

狭山の茶産地としての歴史は古く、始まりは鎌倉時代ともいわれています。今のようにお茶栽培が広がったのは江戸時代中期。地域の特産物として栽培されるようになったのがきっかけでした。狭山茶の特徴である深みのある味は、寒い地だからこそできる厚みのある茶葉と、「狭山火入れ」という独自の技術により生み出されているのです。

仕上げ時に約120℃の高温でじっくり時間をかけて乾燥させる「火入れ」を行います。

## 「チャ」が育ちやすい地域とは？

　チャの木はもともと亜熱帯原産なので、温かく湿度のある地域で育ちやすい植物です。日本では年平均気温が14〜16℃、年間降水量が1300mm以上の場所がよいとされており、寒さには弱いため、栽培できる北限があります。

※お茶を生産する場合の北限（製茶の北限）、茶が栽培されている北限（栽培の北限）、チャの木が植えられている北限（植樹としての北限）は異なります。

**植樹としての北限**
（北海道古平町）

**栽培の北限**
（青森県黒石市）

**製茶の北限**
（秋田県能代市・
岩手県陸前高田市）

### お茶が育ちやすい条件

| 気温 | 降水量 | 土壌 |
|---|---|---|
| ・年間平均気温：<br>　14〜16℃<br>・最低気温：<br>　−11〜−12℃を<br>　下回らない | ・年間1300mm以上<br>　（うち4〜10月に<br>　900mm以上） | ・空気や水が通りやすい<br>　（通気性・透過性）<br>・水や肥料を保つ<br>　（保水性・保肥力）<br>・酸性でpH4〜5の土壌 |

出典：『改訂版 日本茶のすべてがわかる本（2023）』

## 茶園がきれいな理由は？

　定期的に茶樹の表面を刈る作業をしているからです。きれいに見せるためではなく、新芽が一斉に伸びるようにして摘採をしやすくしたり（整枝）、樹齢が古い木は増えてしまった枝を切ることで再び茶の品質をよくしたり（剪枝）するのが目的です。

# 日本茶の品種

品種とはチャの木の種類のこと。日本の代表的な品種を紹介します。

## 品種の数は120種類以上！ ほとんどが「やぶきた」

チャの木には、大きく分けて中国種とアッサム種の2系統がありますが (p.31)、より細かい特徴をもつ品種に分けることができます。それは各産地において、より質の高いお茶を、よりたくさん採れるようにと品種改良や育種研究が行われてきた結果です。

日本でチャの木の品種改良が本格的に始まったのは明治時代から。戦前には中国やインドからもさまざまな品種が伝わり、産地の環境に合わせて、耐寒性や耐病性に優れたもの、摘採時期の異なるもの、味や香りのいいものなど、さまざまな特徴をもつ新品種が生み出されました。品種は「煎茶用」「玉露・碾茶用」「釜炒り茶用」に分けられ、現在、農林水産省に登録されているものは120種類以上、最も多くつくられているのが煎茶用の「やぶきた」です。

【 日本茶の品種別栽培面積 】

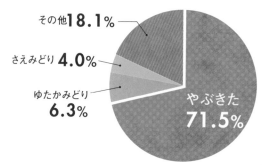

その他 **18.1%**
さえみどり **4.0%**
ゆたかみどり **6.3%**
やぶきた **71.5%**

出典：農林水産省調べ（2019年）

## 早生・中生・晩生って？

品種には早生、中生、晩生があり、摘採までの期間を表します。「やぶきた」を中生とし、それより摘採時期が早い品種を早生、遅い品種を晩生としています。温暖な地域では早生を選択すれば、ほかに先駆けて新茶を出せます。冷涼な地域では遅く育つ晩生のほうが、状態のよい茶葉にできます。

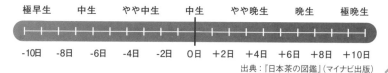

極早生　中生　やや中生　中生　やや晩生　晩生　極晩生

-10日　-8日　-6日　-4日　-2日　0日　+2日　+4日　+6日　+8日　+10日

出典：『日本茶の図鑑』（マイナビ出版）

# 【 日本茶の主な品種 】

国内で多く栽培されている代表的な7品種の特徴を紹介します。

## やぶきた

現在、日本で最も多く栽培されているチャの品種。1908年、茶品種改良の先駆者と言われる杉山彦三郎によって、静岡県の在来種から発見されました。味、香り、ともに質が高く、凍霜（とうそう）の被害を受けにくい強さと、安定した収量が見込める育てやすさがあり、どこでも栽培できる、とても安定した品種です。

中生

## ゆたかみどり

「やぶきた」に次ぎ、日本で2番目の生産量の品種です。天然の玉露といわれる品種「あさつゆ」を改良した種で、苦味渋味が強いため、被覆栽培、深蒸し製造をすることが多いです。

早生

## さえみどり

「やぶきた」と「あさつゆ」を掛け合わせてできた品種。水色（すいしょく）は鮮やかな緑色、渋味が少なく旨味・甘味の強い味が特徴です。煎茶、玉露、抹茶と幅広い用途で栽培されています。

早生

## おくみどり

静岡県の在来種と「やぶきた」を掛け合わせた品種。渋味が少なく、とても飲みやすいお茶です。鹿児島県、三重県、京都府などで栽培されています。

晩生

## さやまかおり

「やぶきた」の自然交配種から選抜された品種。煎茶にしたときには濃厚な香りが楽しめます。カテキン含有量が多いので、渋味が強いのも特徴です。

中生

## かなやみどり

「おくみどり」と同じく、静岡県の在来種と「やぶきた」を掛け合わせた品種。煎茶用の品種で、ミルクのような甘い香りがします。静岡県や、鹿児島県で栽培されています。

晩生

## さみどり

宇治の在来種から選抜された品種。主に碾茶用として使われていますが、玉露や煎茶にも向いている品種です。京都府と愛知県で栽培されています。

中生

# 茶摘みの時期と摘み方

お茶は摘む時期、摘む部分によって品質が変わってきます。

## 「一番茶」「二番茶」、摘む時期で品質が変わる

寒い冬に活動を停止し、温かい春に動き出す。そんな動植物と同じようにチャの木も自然に合わせた育成周期があります。寒さに弱いチャの木は、冬の期間（12〜2月）は休眠に入り、新芽が顔を出すのは早生で3月中頃、中生で4月初旬。それから2週間後に新芽が開き、茶摘みの時期を迎えます。

春から夏にかけて茶摘みは複数回行われ、いちばん最初に摘まれたお茶が一番茶。摘まれた時期順に、二番茶、三番茶となります。

一番茶は長い休眠で栄養を蓄えているため、旨味が強く最も品質がよいとされています。

一方、二番茶、三番茶は、摘採までの生育期間が短く、旨味成分のアミノ酸含有率が高まりません。なぜなら、チャの木は生長に伴い食物繊維が増えて、成分が溶け出しにくくなるため、味が落ちてきてしまうからです。また、一番茶は摘採期間も長く収量も多くなります。

## 【 東海地方の茶摘みの時期の例 】

|  | 4月 | 5月 | 6月 | 7月 | 8月 | 9月 | 10月 |
|---|---|---|---|---|---|---|---|
| 一番茶 | 4月下旬〜5月中旬 | | | | | | |
| 二番茶 | | | 6月下旬〜7月上旬 | | | | |
| 三番茶 | | | | 7月上旬〜8月中旬 | | | |
| 四番茶 | | | | | | | 10月上旬〜中旬 |

## 【 摘採時期による成分のちがい 】　一番茶　三番茶

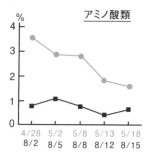
アミノ酸類

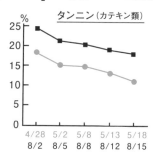
タンニン（カテキン類）

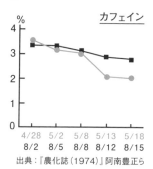
カフェイン

出典：『農化誌（1974）』阿南豊正ら

## 【 茶期別の生産割合 2020年 】

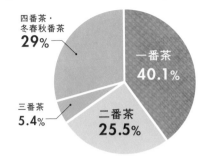

四番茶・
冬春秋番茶
**29%**

一番茶
**40.1%**

三番茶
**5.4%**

二番茶
**25.5%**

出典：全国茶生産団体連合会調査より作成

### 八十八夜って？

八十八夜とは、季節の変わり目を表す日本独自の暦 "雑節" のひとつで、立春から数えて88日目を指します。毎年5月上旬頃が八十八夜にあたり、昔から農作業を始める目安とされてきました。茶摘みを行う時期でもあるため、八十八夜といえば新茶のイメージがつき「八十八夜に摘んだお茶を飲むと長生きする」ともいわれています。

## 摘む部分で品質や味が変わる

茶の新芽には葉のもととなるものが5～6枚巻き込まれていて、徐々に開いていきます。最後の葉が完全に開いたときを「出開いた」といいますが、完全に出開いた状態の葉は硬く、品質がよくありません。茶摘みに最適なのは新芽の葉が50～80％ほど開いた状態（出開き度50～80％）のとき。早摘みなら出開き度30～50％のときに摘みます。

さらに、葉のどの部分を摘むかによっても品質は異なります。葉の先端の芯と2枚目の葉まで（一芯二葉）は、最上級の玉露や上級煎茶に使われる、最も上質な部分です。3枚目の葉（一芯三葉）まで摘むとやや品質は下がり、4～5枚目の葉まで（一芯四葉～五葉）摘むものは、普通品質のお茶で使われます。

**品質**

高い

低い

### 芯

先端にある、新芽の部分。まだ葉が開いていない状態で、白い産毛に包まれています。

### 一芯二葉摘み

新芽とその下2枚の葉を摘むこと。旨味成分が多い柔らかい部分で、上質なお茶に使用されます。

### 一芯三葉摘み

新芽とその下3枚目の葉までを摘むこと。一芯二葉摘みより収穫量は多くなりますが、品質は少し落ちます。

# 茶器のいろいろ

お茶の味わいは、どんな茶器でいれるかによっても変わってきます。

## 素材や大きさは、茶種によって使い分けて

お茶をおいしくいただくためには、それぞれの茶種に合った急須、茶碗を選びたいものです。例えば、玉露のような濃厚な旨味のある高級茶は、少しずつ楽しめるよう小さいサイズの急須（宝瓶）や茶碗がおすすめです。逆に番茶のようにさっぱりしたお茶をごくごく飲みたいときは、急須よりも大きな土瓶が合っています。

また、それぞれの茶種にはおいしく飲める温度があるので、適切な温度を保てるよう、茶器の素材やサイズ感も気を付けたいところ。大きな土瓶で少量のお茶をいれると、湯の温度が下がりおいしくいれられないことも。茶器に関しては「大は小を兼ねる」は通用しないので、適量が入るものがベストです。

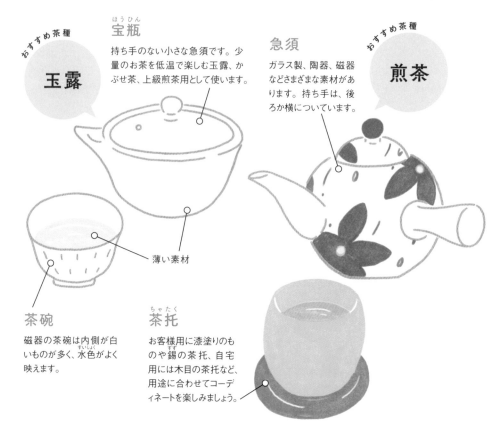

おすすめ茶種

**玉露**

### 宝瓶
持ち手のない小さな急須です。少量のお茶を低温で楽しむ玉露、かぶせ茶、上級煎茶用として使います。

### 急須
ガラス製、陶器、磁器などさまざまな素材があります。持ち手は、後ろか横についています。

おすすめ茶種

**煎茶**

薄い素材

### 茶碗
磁器の茶碗は内側が白いものが多く、水色がよく映えます。

### 茶托
お客様用に漆塗りのものや錫の茶托、自宅用には木目の茶托など、用途に合わせてコーディネートを楽しみましょう。

## 素材のちがい

高級茶には、ガラス質が多くにおい移りのない磁器、番茶やほうじ茶など高温でいれるお茶には陶器がおすすめ。

## お手入れも忘れずに

急須に残った茶殻やにおいがお茶の味を変えてしまうことも。使用後は中の網までよく洗い、乾燥させましょう。

## 大きさのちがい

玉露など少量のお湯でいれるお茶と、番茶などたっぷりのお湯でいれるほうがおいしいお茶があるので、使い分けましょう。

おすすめ茶種

**番茶・ほうじ茶**

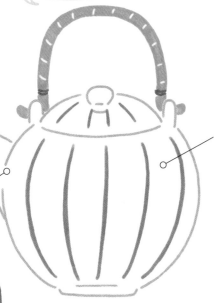

**土瓶**

陶器でつくられていて肉厚。上部に籐製の持ち手がついているのが特徴で、直接火にかけるものもあります。

急須や土瓶には、内側に一体型の茶こしがついているタイプと、取り外し型のステンレスの網の茶こしがついているタイプがあります。

肉厚な陶器の茶碗は断熱性が高く、いれたあとも冷めにくいので、熱めのお茶が好きな人におすすめ。

## 【 茶種別おすすめの容量 】

|  | 急須 | 茶碗 |
|---|---|---|
| 玉露 | 90ml | 40ml |
| 上級煎茶 | 250ml | 100ml |
| 中級煎茶 | 600ml | 150ml |
| 番茶・ほうじ茶 | 800ml | 240ml |

出典：『茶のいれ方研究会（1973）』

# 日本茶の出し方・いただき方

お茶を出すときも、いただくときも、日本には相手を敬う美しいマナーがあります。

## お茶を出すときのマナー

　日本には古くから茶道というおもてなしの文化があり、茶道の作法はお茶をおいしく飲んでもらうためにあるといわれています。一般的なお茶のマナーにおいてもそれは同じ。例えばお茶請けはお茶の味を引き立てるものを用意します。丁寧な所作は、相手に気持ちよくお茶を味わってもらうためです。マナーのひとつひとつに相手を敬う気持ちが込められているのです。

☑ お菓子は左側、お茶は右側に

☑ ふたと茶碗の絵柄を合わせる

☑ 柄をお客様のほうへ向ける

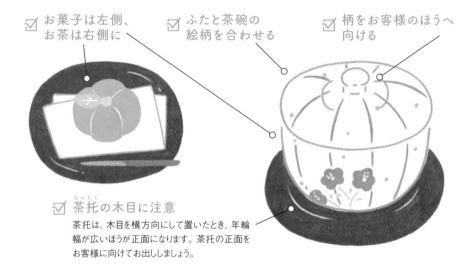

☑ 茶托の木目に注意
茶托は、木目を横方向にして置いたとき、年輪幅が広いほうが正面になります。茶托の正面をお客様に向けてお出ししましょう。

**❶ お盆を一度置く**
お茶が入った茶碗と茶托、お茶請けはお盆にのせて運びます。お客様の前に来たら、一度座卓の下、テーブルの場合は入口に近いテーブルの端に置きます。

**❷ お菓子を出す**
先にお菓子をお客様の左手側に出します。片手ではなく両手で出しましょう。お菓子の正面がお客様の前に向くようにしましょう。

**❸ お茶を出す**
お盆の上で茶托と茶碗をセットし、お客様の右手側に出します。茶托、茶碗の正面がお客様の前に向くようにしましょう。

## お茶をいただくときのマナー

お茶を出すときのマナーが「お茶をおいしく飲んでもらうため」にあるならば、お茶をいただくときのマナーは「お茶をおいしく飲むため」にあるもの。訪問先でお茶やお茶請けを出していただいたら、遠慮せず、おいしい状態のうちにいただくのが礼儀です。

また、心を込めて出してくれたお茶は、両手で丁寧に扱いましょう。

### ❶ ふたをとる

ふたは手前から奥に傾け、茶碗のふちに沿って時計回りにまわして水滴を切ります。

### ❷ ふたを置く

ふたの水滴が切れたら、両手でふたを持ち、裏返して茶碗の右側に置きます。

### ❸ お茶をいただく

茶碗を持ち上げるときは底に左手を添えます。茶碗の正面を少しずらして口をつけ、お茶を丁寧に味わいましょう。飲み終わったら両手でふたを戻します。

## 抹茶をいただくときのマナー

本格的な茶道では細かい作法がありますが、お家で抹茶を出された場合は、最低限のマナーだけ守れば大丈夫です。具体的なポイントは以下のとおりですが、そのほかに、抹茶が出されたら一礼して「いただきます」とあいさつをし、飲み終えたら「おいしくいただきました」とお礼を言うなど、お茶をふるまってくれた方への感謝も忘れずに伝えましょう。

### ☑ 時計や指輪は外す

時計や指輪、ブレスレット、長いネックレスなど、茶碗を傷つける可能性のあるアクセサリー類は、あらかじめ外しておきましょう。

### ☑ 茶碗の正面は避ける

茶碗の正面に口をつけるのはタブー。時計回りに茶碗を2度回し、正面をずらしていただきます。飲み終わったら飲み口は指でぬぐい、ぬぐった指はハンカチなどで拭きます。茶碗は正面に戻してから置きます。

### ☑ お菓子は先にいただく

お菓子と一緒に抹茶をいただくのはマナー違反。お菓子はお茶が出てくる前に食べきりましょう。食べきれないときは、懐紙に包んで持ち帰ります。

# 日本茶とお茶請け

日本茶とお茶請け、お互いの味を引き立てる絶妙な組み合わせを紹介します。

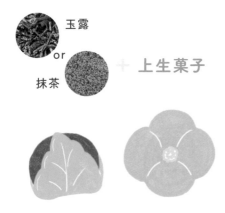

玉露
or
抹茶
＋ 上生菓子

茶葉をそのまま味わうような濃厚な玉露や抹茶には、それに負けないくらい濃厚で上品な甘さの上生菓子を合わせて、贅沢なティータイムに。

煎茶
＋ ミルク
チョコレート

日本茶とチョコレートはじつはとても相性のいい組み合わせ。すっきりしたやさしい口当たりの煎茶がチョコレートの味を引き立てます。

ほうじ茶
＋ 塩昆布

香ばしくすっきりした口当たりのほうじ茶は、スナック菓子からクリーム系まで、何でも合います。海の旨味がきいた塩昆布ともベストマッチ。

釜炒り茶
＋ かりんとう

すっきりと軽い釜炒り茶は、かりんとうの油っぽさを軽減。また、砂糖の甘味もお茶の渋味が中和してくれるので、飽きの来ない組み合わせです。

## 深蒸し煎茶

 ＋ バタークッキー

 ＋ スナック菓子、揚げおかき

（深蒸し煎茶 or ほうじ茶）

バターを使用したクッキーには、煎茶の中でもしっかりした味わいの深蒸し煎茶がおすすめ。お茶の渋味とクッキーの甘味、両方が際立つ絶妙なバランスです。

すっきりした飲み口のお茶には、軽い食感のお菓子がよく合います。塩味がお茶のまろやかさや甘味を引き立てます。

## フレーバード緑茶（りんご）

 ＋ あんみつ

緑茶の爽やかな青みとりんごの香りが、まったりとしたあんみつにアクセントを与えます。味の変化を楽しむことができる組み合わせです。

## すべての日本茶 ＋ ドライフルーツ

ドライフルーツは、どんなお茶にも合うオールマイティのお茶請け。旬のドライフルーツで季節を感じながらお茶をいただくのも素敵です。

### お寿司やお刺身のあとは濃いお茶を

お刺身を食べたあとは、濃いめのお茶を飲むと口の中がすっきりします。これはお茶に含まれるカテキンの殺菌作用によるものです。煎茶に1さじの抹茶を入れるだけで、濃くて後味さっぱりのお茶ができます。

# シーン別 おすすめの楽しみ方

1日の中で効果的に日本茶を取り入れるなら、こんな「お茶活」がおすすめです。

## 食後のお茶には…

食後は熱いお湯で濃いめに入れた煎茶を。苦味が口の中をさっぱりとさせ、カテキンによる虫歯予防の効果、食中毒予防の効果も期待できます。脂っこい食事にはほうじ茶がおすすめ。

煎茶

ほうじ茶

## 空腹のときは…

空腹時に濃いお茶を飲むと、胃を刺激してしまいます。食事前などに飲むなら、カフェインが少ないほうじ茶、番茶がおすすめです。

ほうじ茶

番茶

## 目覚めのお茶には…

朝は、頭の働きを活発にするカフェインが多く含まれているお茶がおすすめです。上質で濃度の濃い玉露や抹茶、煎茶を、朝食後の一杯に。

抹茶

玉露

煎茶

朝 morning

## おやつ代わりには…

午後の休憩は、日本茶をベースにさまざまな香りをつけたフレーバードティーで。日本茶なので頭をすっきりさせつつも、甘い香りが疲れを癒やしてくれます。

フレーバード緑茶

## 仕事や勉強の合間、会議中には…

長時間の仕事や勉強で疲れてきたときには、カフェインの多い煎茶や玉露で活力を回復させましょう。熱い湯で濃くいれれば、カフェインがよく溶け出します。眠気覚ましにも。

煎茶

玉露

## スポーツの前には…

煎茶

玉露

カフェインは筋肉刺激剤ともいわれます。カフェインの強い玉露や煎茶を、運動をする30分前に1杯、運動中も30分ごとに1杯ずつ、コンスタントに飲むと力を発揮できます。

## 寝る前には…

番茶

玄米茶　ほうじ茶

寝る前はカフェインの少ない番茶やほうじ茶、玄米茶を。煎茶が飲みたい場合は、低温でいれた薄めのお茶にしましょう。

85

# 中国緑茶とは？

製造方法をはじめ、味も香りも、日本の緑茶とはかなり違うようです。

## じつは中国で最もポピュラーなお茶

日本で「お茶」といえば緑茶が思い浮かぶように、じつは中国でも「お茶」の代表は緑茶。中国内で最も生産量が多く、よく飲まれているのが緑茶です。

日本の緑茶と大きくちがうのは、殺青の方法 (p.55)。中国では「釜炒り製法」といって釜に茶葉を入れて炒って加熱するのが主流です。そのため、中国緑茶は基本的に香りが高いのが特徴。日本緑茶は味を重視してつくられているのに対し、中国緑茶は香りを重視してつくられているのです。

そして、茶葉の形も大きかったり、小さかったり、バラエティーに富んでいます。中国緑茶の種類は、なんと1000種以上にものぼるのだとか。今も新しい銘柄が続々と誕生しています。さすがお茶大国中国ですね。

香り高い

透明感のある水色

何煎も飲める

釜炒り製法

# 【 主な中国緑茶の種類 】

中国緑茶は、茶葉の大きさや形状もさまざまで種類豊富。
中でも代表的な5種を紹介します。

中国を代表するトップブランド

## 西湖龍井
せい こ ろん じん

清代の皇帝に献上されていたという、中国緑茶の中で最も有名なお茶。品質のちがいで等級分けされている龍井茶の中の最高位で、草木や豆のような爽やかな香りがします。

仙人の伝説がある名山が産んだ

## 黄山毛峰
こう ざん もう ほう

一芯二葉で摘まれた茶葉を使った高級茶。お茶をいれるたびに、深い旨味と香ばしさが増していくというお茶で、中国十大銘茶に認定されています。

春摘みの新芽でできる貴重な緑茶

## 碧螺春
へき ら しゅん

中国二大緑茶のひとつで、「人を殺す」と表現されるほどの豊かな香りが特徴です。茶葉が巻貝のように曲がっていて、春一番に摘まれることが名前の由来。

紀元前から飲まれていたとされる

## 六安瓜片
ろく あん か へん

唐代から親しまれていたという歴史あるお茶。扁平な形の茶葉のみを選んでつくられています。中国ではさまざまな賞をとっていて、すがすがしい香りと爽やかな後味があります。

大きくきれいな茶葉が特徴

## 太平猴魁
たい へい こう かい

中国緑茶の中でも最大の茶葉で、その長さは8～9cm。大胆な外観とは裏腹に、味は繊細で口に含むと上品な甘さが広がります。1915年のパナマ万博に出品、一等金賞を授与されました。

こんな中国緑茶も!

お湯の中で花開く

## 工芸茶

　固形茶を改良し、1980年に黄山地方で製造法が確立した工芸茶。茶葉の中に花が包み込まれていて、湯を注ぐと花開く美しいお茶です。黄山地方では中国を代表する銘茶、黄山毛峰や太平猴魁が生まれており、工芸茶はそれらに続く現代の名品といわれています。

湯を注ぐ前の工芸茶

## Column 世界のお茶紀行

 **モロッコのミントティー**

### ミント × 緑茶の甘く爽やかなお茶

　北アフリカの国、モロッコには日本と同じように食後に緑茶を飲む習慣があります。大きくちがうのは飲み方。茶葉にフレッシュミントをふんだんに加えて抽出し、砂糖をたっぷり加え、高いところから注いで空気を含ませてまろやかな味に仕上げます。食後に飲むのは理にかなっていて、爽やかな香りと味で胃がすっきり！

　気温の高いモロッコでは、体温を下げる効果もあります。これは、モロッコに限らず、チュニジア、アルジェリアを含むマグレブ地方では一般的飲み方。カフェでも親しまれ、1日に何度も口にするようです。

　また、ミントティーはおもてなしにも使われ、金属製のポット「ブレッド」と金の模様が入ったグラス「キーサン」で提供されます。ちなみに、モロッコにお茶の文化が入ったのは19世紀半ば。1860年代にはミントティーの習慣が始まったとされます。

# 第 **3** 章

## お茶の
## 基本を知ろう
## ❷烏龍茶

さまざまある中国茶の中で、
最も日本人に親しみのあるのが烏龍茶。
中国茶をさらに楽しめる茶器も紹介します。

# 烏龍茶とは？

烏龍茶は最も知られた中国茶。香りと味を楽しむお茶です。

## 烏龍茶とは中国茶のひとつ

茶の発祥地である中国にはじつにさまざまなお茶がありますが、世界的に知られているのが、日本でもおなじみの烏龍茶。中国6大茶類では「青茶」とされる、半発酵茶です。もし緑茶の発酵度を0、紅茶を100とすると、烏龍茶の発酵度は15〜70％程度です。

数えきれないほど種類が多く、今もどんどん増え続けていますが、いずれも独特な香りと、さっぱりとした飲み口が特徴です。ちなみに中国6大茶類とは、緑茶、白茶、黄茶、青茶、黒茶、そして紅茶の6つ。製造方法のちがいによって分類され、またこれに属さない「花茶」を含めると7つになります。烏龍茶（青茶）以外の特徴については、p.96から詳しく説明します。

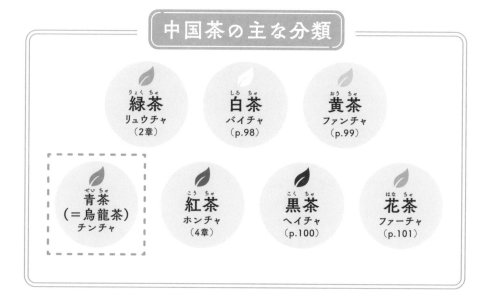

## 中国茶の主な分類

緑茶
リュウチャ
（2章）

白茶
バイチャ
（p.98）

黄茶
ファンチャ
（p.99）

青茶
（＝烏龍茶）
チンチャ

紅茶
ホンチャ
（4章）

黒茶
ヘイチャ
（p.100）

花茶
ファーチャ
（p.101）

## 烏龍茶はバラエティに富んでいる

鉄観音や凍頂烏龍茶、水仙、武夷岩茶など、歴史的な銘茶として知られる品種や銘柄だけでも数百以上もあるといわれる烏龍茶。どれも基本的な製法は同じですが、それぞれの工程での作業方法や、かける時間はさまざまです。その結果、発酵度も15〜30%程度の「文山包種茶」、発酵度が70%に近い「東方美人」まで幅広く、細長いものやコロコロと丸いものなど茶葉の形もさまざまで、淡いものから黒に近い紅色まで水色もそれぞれ。さっぱりとした飲み口は共通していますが、香りや味わいも、驚くほどバラエティに富んでいます。

### 【 烏龍茶の酸化発酵度の目安 】

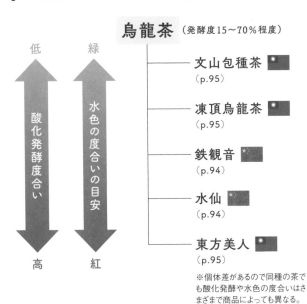

**烏龍茶**（発酵度15〜70%程度）

低　緑

酸化発酵度合い

水色の度合いの目安

高　紅

├─ 文山包種茶
（p.95）

├─ 凍頂烏龍茶
（p.95）

├─ 鉄観音
（p.94）

├─ 水仙
（p.94）

└─ 東方美人
（p.95）

※個体差があるので同種の茶でも酸化発酵や水色の度合いはさまざまで商品によっても異なる。

＼茶葉の形もさまざま！／

**凍頂烏龍茶**

コロンと丸い形。

**水仙**

細長く曲がった形。

こんな烏龍茶も！

ホットでもアイスでもおいしい

# フレーバード烏龍茶

烏龍茶は、白桃やマンゴー、柑橘類など、フルーツと合わせたフレーバードティーも豊富。香りがしっかりしているので、アイスティーにしても美味。

烏龍茶 × 白桃

烏龍茶 × マンゴー

## 烏龍茶は
## どうやって生まれた？

　烏龍茶の発祥は、チャの木の名産地だった福建省武夷山という説が有力。また、広東省北部の「石古坪」や「鳳凰単叢」がもとになったという説もあります。いずれにしても1554年の明代の書物『煮泉小品』には製法の記載があり、16世紀にはすでに存在していたことがわかります。生まれた経緯は不詳ですが、「山道を竹籠に入れて運ばれていた茶葉が、何時間も揺られているうちに自然に酸化発酵。製茶したらとてもおいしかった」という伝説が残ります。

武夷山は福建省にある山系の総称。古くから老荘思想の理想郷としても知られる。

### 烏龍茶の名称の諸説

① 中国広東省で製茶された茶葉の色が「烏」の羽のように黒く、形状が「龍」のように曲がりくねっていたため。

② 清の時代、優良な新種をつくった茶農の「蘇龍」。その功績が認められ、彼の雅号「烏龍」を茶名とした。

③ 烏龍茶の「龍」は皇帝（天子）を指す文字で、皇帝に献上するためにつくられたから。

## 日本に烏龍茶が
## 入ってきたのはいつ？

　日本に烏龍茶が入ってきたのは1970年代。食後のお茶として大ブームになりましたが、その後低迷し、再度注目されたのが1981年。缶入り烏龍茶の登場がきっかけでした。脂肪の吸収を抑える効能を利用した「トクホ」の商品も発売され、人気は今に至ります。また、おいしい茶葉が手軽に手に入るようになり、愛好者も増えています。

## 烏龍茶の主な産地と銘柄

　烏龍茶の主な産地は、福建省を中心とした閩と呼ばれるエリアを中心に福建省北部の武夷山、福建省南部の安渓や泉州、広東省北部の鳳凰山周辺、そして福建省からチャの木が移植された台湾。温暖で雨量が豊富な気候がチャの木の栽培に適していたようで、今や名産地となっています。なお、中国では、伝統的に烏龍茶の消費地もまた、ほぼこの地域に限られています。それぞれの代表的な銘柄が、福建省が「水仙」「鉄観音」「黄金桂」「大紅袍」、広東省が「鳳凰単叢」「白葉単叢」、台湾が「東方美人」「凍頂烏龍茶」「木柵鉄観音」「高山烏龍茶」です。

**中国**

武夷山

安渓

鳳凰山

台湾

**広東省**
宋の時代からの名産地

北部の一部エリアが産地。広東省といえば鳳凰山。寒暖差と深い霧が、フルーティな烏龍茶を生み出します。老樹も残り、山頂まで広がる茶畑の景色は圧巻。

**福建省**
今も生産がさかんな
烏龍茶発祥の地

全域に産地が点在している福建省。名産地は、安渓や武夷山。チャの木の生育に適した環境です。

**台湾**
各地に
生産地が点在

面積は小さい台湾ですが、有名な産地が各地に点在。品質を支えているのが、各地で行われている茶葉の品評会です。

## 【 おもな青茶の茶摘みシーズンの例 】

| | 1月 | 2月 | 3月 | 4月 | 5月 | 6月 | 7月 | 8月 | 9月 | 10月 | 11月 | 12月 |
|---|---|---|---|---|---|---|---|---|---|---|---|---|
| 福建省 | | 春摘み烏龍茶 | | 4〜5月末 | | | | 秋摘み烏龍茶 | | 9〜10月末 | | |
| | | | 武夷岩茶 | 5月半ば〜7月前半 | | | | | | | | |
| 広東省 | | 春摘み烏龍茶 | | 4〜5月末 | | | | | | | | |
| 台湾 | | 春摘み烏龍茶 | | 4月半ば〜5月末 | | | | 冬摘み烏龍茶 | | 10月前半〜11月末 | | |
| | | | 東方美人 | | 6月半ば〜7月後半 | | | | | | | |

※お茶は農作物のため天候や作柄などの影響により変動があります

## 【 中国の烏龍茶の銘柄 】

中国の烏龍茶は、主に福建省と
広東省の2つの地域で生産されています。

福建省

### 水仙
#### すいせん

烏龍茶の半分ほどのシェアを占めるポピュラーな品種で、鮮やかな赤褐色の水色が特徴です。甘みを感じる独特な香り、甘味、旨味、軽い渋味と苦味が調和した味はとてもバランスがよく、飲みやすさも抜群です。

広東省

### 鳳凰単叢
#### ほうおうたんそう

広東省でつくられる青茶の代表的存在。単叢とは1株ごとに単独で栽培されているお茶で、茶葉が大きく香りは華やか。「鳳凰単叢芝蘭香」や「鳳凰単叢黄枝香」など、鳳凰単叢と呼ばれるお茶は60種類以上もあります。どれも歴史ある銘茶。

福建省

### 鉄観音
#### てっかんのん

名前は、「鉄のようにどっしりとして、黒みがかった色の茶葉の、香りが高く優れた、観音様のお恵みのお茶」という由来があります。中国では食後茶として親しまれています。

広東省

### 白葉単叢（嶺頭単叢）
#### はくようたんそう（れいとうたんそう）

広東省の坪渓鎮嶺頭村にて発見された、比較的新しい茶葉。白っぽい黄色の葉を茂らせるチャの木からつくられ、蜜のような香りがあって独特。1986年には全国銘茶評選会で全国銘茶のひとつに選出されました。

福建省

### 黄金桂
#### おうごんけい

福建省南部の安渓でつくられる青茶で、黄旦という品種からつくられます。黄金色の水色と、桂花の香りがすることからこの名前がつきました。春茶が最もおいしいとされ、蜜のような甘い香りが特徴です。

こんな烏龍茶も！

世界遺産でとれる

### 武夷岩茶
#### ぶいがんちゃ

パワースポットとしても知られる中国・福建省にある武夷山。その切り立った崖に自生する茶の木からとれるお茶。香ばしい中にも漂う花の香り、旨味と甘味、独特な残り香である「岩韻」が特徴で、四大岩茶といわれる「大紅袍」「鉄羅漢」「水金亀」「武夷肉桂」が有名です。

## 【 台湾の烏龍茶の銘柄 】

台湾全域に栽培地域があり、中部では
山間部で採れる高山茶が有名です。

### 東方美人
とうほう び じん

台湾烏龍茶の存在を世界に轟かせた歴史的銘茶。
ルーツは1810年頃に中国・武夷山から移植された
チャの木。害虫の被害を受けた茶葉で製造したとこ
ろ、かつてないほど甘く華やかな、紅茶に似た水色の
お茶ができたのが起源とされます。

### 凍頂烏龍茶
とうちょうう ー ろん ちゃ

台湾中部の凍頂山周辺の山間部でつくられる、台
湾茶の代名詞ともいえる銘茶。使われる茶葉の品
種は主に青心烏龍。1980年以降に技術改良が進
み、その品質と味で大人気に。硬い球状の茶葉が
特徴で、香りと味、コクのバランスがよく、春茶は香り、
冬茶は味が深いとされます。

こんな烏龍茶も！

### 台湾で生まれた新品種
### 金萱・四季春・翠玉
きんせん し き しゅん すい ぎょく

戦前の茶業試験場からの品種改良の流れ
で、台湾茶の名産地・名間などを中心に、独
自のミルクのような香りの「金萱」、若々しい
青みのある香りが印象的な「四季春」、爽や
かな味わいの「翠玉」など、台湾独自品種
の栽培がさかんです。

### 高山烏龍茶
こう ざん う ー ろん ちゃ

台湾の南北に連なる中央山脈に点在する標高1000
m以上の高地でつくられた烏龍茶。空気の澄んだ
寒冷地、そして太陽の光が柔らかい霧のカーテンの
中で育つことで、まるで絹のような滑らかな風味にな
ります。

### 木柵鉄観音
もく さく てっ かん のん

18世紀に中国・福建省安渓で誕生した鉄観音が起
源とされ、現在は台湾北部の木柵区など、標高300
〜350mの地域を中心に栽培されています。中国
の鉄観音に比べ、穏やかな焙煎香とドライフルーツ
のような甘みが特徴です。生産量は減少中。

### 文山包種茶
ぶん さん ほう しゅ ちゃ

爽やかな風味で台湾の四大銘茶としてよく知られて
います。発酵度が15〜30%程度ととても浅く、日本
の緑茶に似た味わいです。

茶畑が続く景色がことのほか美しい阿里山地区。
国家風景区（国定公園）にも指定されています。

# 中国茶には種類がある

1000種を超えるといわれる中国茶は、どれも個性的です。

## 6種類＋1に分かれる中国茶

中国茶というと烏龍茶やジャスミン茶というイメージが強いですが、それは一部に過ぎません。種類は1000種類を優に超え、香りも色もさまざまでバリエーションも豊富。主に製法のちがいによって6種類＋1に分類されます。6種類とは、不発酵茶の「緑茶」、弱発酵の「白茶」、弱後発酵茶の「黄茶」、半発酵の「青茶」、全発酵の「紅茶」、後発酵の「黒茶」。残りの1つが「花茶」で、茶葉に花の香りをつけたもののほか、花そのもののエキスを楽しむお茶もあります。

世界には多種多様のお茶がありますが、そのルーツをたどると中国に行き着くのです。お茶の世界を知るうえで、中国茶は外せません。

白茶（しろちゃ）

花茶（はなちゃ）

黒茶（こくちゃ）

黄茶（おうちゃ）

## 種類によって産地も異なる

　日本の25倍もある広大な国土をもつ中国では、地域によって気候も習慣も千差万別。お茶の産地も消費者が飲むお茶も、地方ごとに異なります。中国で生産量・消費量ともに最も多いのは日本と同様、緑茶。消費量は80％と圧倒的で、幅広い地域で飲まれています。青茶（烏龍茶）が飲まれているのは一部で、発祥の地である福建省や広東省が中心。黒茶はプーアル茶の生産地である雲南省と、飲茶文化のある香港で、食後茶として好まれています。希少な白茶や黄茶は、ハレの日のお茶。日常で飲まれることはあまりありません。

中国茶の主な産地は「中国四大茶区」と呼ばれ、主に中国南部に広がっています。

江北茶区

西南茶区

江南茶区

華南茶区

### 紅茶

16世紀に福建省で誕生した紅茶。葉の形が残っているほうが高級とされ、工夫紅茶、小種紅茶、紅砕茶の3種あります。

### 緑茶

中国で最も生産量と消費量が多いお茶。日本と異なるのは、蒸すのではなく釜炒りが主流で、香りに重点がおかれます。

### 青茶

半発酵茶で、烏龍茶のこと。種類は多いですが、生産地も消費も福建省、広東省、台湾に限定されます。

【 6種の香りと代表的な銘柄 】

| | 酸化発酵度合い | 香りのイメージ | 代表的な銘柄 |
|---|---|---|---|
| 緑茶 | 不発酵 | 草、豆 | 龍井茶、碧螺春 など |
| 白茶 | 弱発酵 | 果物 | 白毫銀針、白牡丹 など |
| 黄茶 | 弱後発酵 | 果物 | 君山銀針 など |
| 青茶 | 半発酵 | 花、草、果物、実、木、薬、乳 | 武夷岩茶、安溪鉄観音、凍頂烏龍茶 など |
| 紅茶 | 全発酵 | 果物 | キームン など |
| 黒茶 | 後発酵 | 薬、木 | プーアル茶 など |

出典：『決定版お茶大図鑑』（主婦の友社）

ほのかに甘く繊細な味わい

# 白茶 （バイチャ）
しろ　ちゃ

　歴代の中国皇帝や文人が好ん
で飲んだとされる弱発酵茶で、
主な産地は福建省。歴史は古く、
約900年も前とされます。摘んだ
茶葉を主に月光に当てて自然乾
燥させ、ゆっくりと発酵させること、
揉む工程がないことが特徴で、
茶葉には白い産毛が多く見られ
ます。大白種というチャの木から
つくられている白茶が高級で、一
芯一葉の白芽茶と一芯二葉の
白葉茶の2種類。水色は淡く、
味はほのかに甘く繊細な味わいで、
香りは上質です。

産毛が
特徴！

白牡丹

## 主な銘柄

### 白牡丹
はく　ぼ　たん

1922年に福建省で誕生した、白葉茶の代
表銘柄。青く若々しさも感じるやさしい甘み
が特徴です。食事に合わせやすいことから
とくに香港で好まれ、欧米では「白い紅茶」
とも呼ばれます。

### 白毫銀針
はく　ごう　ぎん　しん

茶通で知られる北宋の皇帝・徽宗が愛した
白芽茶の代表銘柄。白い産毛に覆われた
美しい光沢の新芽の先端のみを使用し、水
色はだいだい色で香りも淡く、まろやかな甘
みが特徴です。

皇帝も愛した美しく貴重なお茶

# 黄茶 （ファンチャ）
おう　ちゃ

　白茶よりも歴史は古く、唐の時代に記録が残ります。仕上げる前に再度発酵させる「悶黄」という工程が特徴で、これがふくよかで風格のある、上品な香りをもたらす決め手に。弱発酵茶ですが、この工程でわずかに後発酵させるため、後発酵茶に分類されることもあります。その昔は皇帝専用のお茶で、茶葉の揺らぎが美しいことから、ガラスの器でいれて愛でていたそう。中国各地で生産されていますが、今なお入手困難。芽だけを使用するものを「黄芽茶」といいます。

＼ ガラスの器が
おすすめ！／

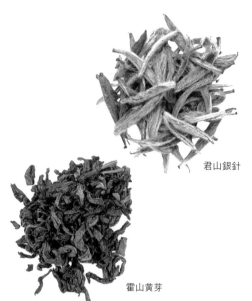

君山銀針

霍山黄芽

## 主な銘柄

### 君山銀針
くん ざん ぎん しん

湖南省の洞庭湖に浮かぶ小島、君山で摘まれた新芽だけを使用した黄芽茶で、清の時代には献上茶として知られていました。針のような形状と、爽やかな喉ごしが特徴です。

### 霍山黄芽
かく ざん こう が

安徽省北部の霍山でつくられている黄芽茶。唐の時代から皇帝に献上されていたものの、生産が一時中断。再開されたのは1971年ですが、すぐに話題になり、1990年には全国十一銘茶に選ばれました。

熟成されるほど味わい深く高価に

# 黒茶 （ヘイチャ）

\ 固形の
形状も! /

　製造の過程で微生物を加えて
発酵させる、スモーキーな香りの
後発酵茶。ワインのように熟成
され、時間が経つほどにまろや
かさを増して深みが出ます。その
ため、古いものほど珍重され、
価値も上がります。一般的な茶
葉の状態の「散茶」と固めてある
「緊圧茶」があり、緊圧茶には、
円盤状の「餅茶」、四角い「磚茶」、
お椀型の「沱茶」など、種類が
あります。消化促進効果、体脂
肪を流す効果で知られ、ダイエッ
ト茶としても人気です。

## 主な銘柄

### プーアル茶

黒茶を代表する、雲南省で生産される茶葉。
後発酵茶特有の、土や木を感じさせる香り
がありますが、味はまろやかで、食後のお茶
にぴったり。

### 六堡茶

安徽省・六安で生産されている固形茶で、
笹の葉に包まれ、竹籠に入っているのが特
徴です。茶葉は黒くつやがあり、水色は深み
のある黒茶色。後味がさっぱりしています。

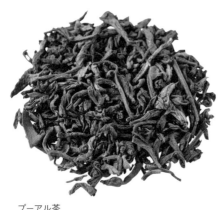

プーアル茶

花の香りのフレーバードティー

# 花茶  （ファーチャ）

はな　ちゃ

花や花の香りを
プラス！

　花茶は、日本でもおなじみの
ジャスミン茶（＝茉莉花茶）に
代表される花の香りがするフレー
バードティーです。花茶には2種
類あり、茶葉に香りをつけたもの
と、エキスも一緒に抽出するもの
があります。また、歴史は意外と
古く、1000年も前。南宋の時代
に福建省で始まり、江蘇省、浙
江省へと広がりました。もとにな
った製造法は今も続き、茶葉と
花を3：1にするのがバランスがよ
いとされています。

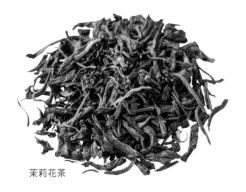

茉莉花茶

## 主な銘柄

## 茉莉花茶

薫香という工程で、茶葉に
香りを吸収させます。烏龍
茶ベースと緑茶ベースがあ
り、高級なものほど花びらが
少なく、香りが高くなります。

### 菊花茶

きっ か ちゃ

菊の花を日干しし、エキスを抽出したお茶で、
緑茶やプーアル茶とブレンドするのがおすす
め。古くから漢方薬としても利用されています。

### 桂花茶

けい か ちゃ

キンモクセイの花だけでつくられた甘い香りの花茶。
透き通った金色の水色が美しく、緑茶や紅茶と
合わせても美味。薬膳茶としても人気です。

# 烏龍茶ができるまで

烏龍茶を代表する、「鉄観音」や「凍頂烏龍茶」などができるまでを順を追って紹介します。
銘柄によってつくり方の工程は多少異なります。時間は目安です。

## 烏龍茶（青茶🌿）のつくり方

**1** 摘む（摘菜）　緑茶や紅茶とは異なり、苦みが強く出る若芽ではなく、比較的大きく開いた葉を摘むのが特徴。基本的に手摘みで行われます。

**2** 萎凋（日干萎凋→室内萎凋）

### 日干萎凋

摘んだ葉をしおれさせ、酸化発酵を促します。まず、摘んだ葉を太陽の光に当ててしおれさせる日干萎凋を20〜40分行います。

### 室内萎凋

室内で広げ、日干しで上がった葉の温度を冷まし、1時間おきに20〜30分攪拌を繰り返す「揺青」を約10時間行います。

**3** 炒葉（殺青）　茶葉の緑色が半分ほど残った状態になったら、釜炒りへ。酵素の働きを抑え、発酵を止めます。所要時間は5〜15分。

**4** 揉む（揉捻）　揉捻機に入れ、茶葉の水分が均一になるように、上から圧を加えながら5〜10分揉みます。これで茶葉の成分が出やすくなります。

**5** 包揉・玉解き

布で茶葉を包み、転がすようにして布を絞りながら形を整えます。香りと味を引き出す工程で、その後固まった茶葉をほぐします。

**6** 乾燥

竹籠に茶葉を入れ、低温で60〜80分茶葉を乾燥させ、水分を飛ばします。

**7** 仕上げ　乾燥後の荒茶は麻袋に入れて保存。仕上げ工程をする工場に運ばれ、製品化されます。

# 【 その他の中国茶のつくり方 】

つくり方は種類によってさまざま。それぞれの特徴をつくり出す特有の工程があります。
銘柄によってつくり方の工程は多少異なります。

りょく ちゃ
## 緑茶

釜の中、天日など、乾燥方法により3種類に分類されます。「殺青」は釜炒りの工程。

❶摘む
⬇
❷炒葉（殺青）
⬇
❸揉む
⬇
❹乾燥
⬇
仕上げ・完成

しろ ちゃ
## 白茶

重要な工程は、茶葉の水分を蒸発させる「萎凋」。これで香りがぐっと上がります。

❶摘む
⬇
❷萎凋
⬇
❸乾燥
⬇
仕上げ・完成

おう ちゃ
## 黄茶

茶葉を堆積して発酵させる「悶黄」を行うのが特徴。これで味と香りが決まります。

❶摘む
⬇
❷炒葉（殺青）
⬇
❸揉む
⬇
しょこう
❹初烘
⬇
もんおう
❺悶黄
⬇
❻乾燥
⬇
仕上げ・完成

こう ちゃ
## 紅茶

色が鮮やか、香りは複雑になる「転色」が特徴。ほぐしながらふるい分け、発酵させます。

❶摘む
⬇
❷萎凋
⬇
❸揉む
⬇
てんしょく
❹転色
⬇
❺乾燥
⬇
仕上げ・完成

こく ちゃ
## 黒茶

茶葉を高温多湿の場所に置き、微生物により発酵させる「握堆」。黒茶特有の工程です。

❶摘む
⬇
❷炒葉（殺青）
⬇
❸揉む
⬇
あくたい
❹渥堆
⬇
ふくじゅう
❺復揉
⬇
❻乾燥
⬇
仕上げ・完成

# 烏龍茶を楽しむ工夫茶器

工夫茶器と呼ばれる、烏龍茶などをおいしくいれるための伝統的な茶道具を紹介します。

**茶壺**

## 茶盤・茶船

茶盤と茶船は茶壺の上からかけた湯を下で受ける道具で、大きさはさまざま。また、茶船は茶壺を温めるときにも使用します。

**茶船**

## 茶杯

お茶を飲むための小さな器。口が開いているものなど、香りを楽しむための工夫が凝らされています。水色がわかるように、白が主流。

### 茶挟など

（p.107）

**茶盤**

## 茶荷

茶葉を入れておく器。茶缶や茶袋では風情がないため、茶葉を茶荷に移してから茶壺に入れます。茶葉がよく見える利点も。

104

## 茶壺

茶壺とは急須のこと。大きさも素材もさまざまで、お茶の種類によって適したものがあります。香りが残るので、基本的に茶葉の種類によって茶壺を使い分け、使い回さないようにするのが理想です。これも香りを楽しむ中国茶ならではの作法です。

### ガラス製

### 陶器製

### 磁器製

**すべての茶種**

おすすめ茶種

**青茶**（烏龍茶）
**黒茶**

おすすめ茶種

**青茶**（烏龍茶）
**黒茶**
**花茶**

おすすめ茶種

### 水盃

残った茶葉や茶殻、一煎目は飲まないお茶、不要なお湯を捨てるための道具。厚手で大きめのものが、使いやすくおすすめです。

### 茶海

いわば中国茶のピッチャー。茶壺でいれたお茶を茶海に移してから茶杯に注ぎ分けることで、濃度を均一にします。湯を冷ますときにも利用。

### 蓋碗(がい わん)

茶葉を入れて湯を加え、ふたをずらして使います。
片手で持てる大きさで、茶杯としても茶壺としても
使える便利な道具です。飲む人がそれぞれ、好き
な飲み方でお茶を楽しむために生まれた茶器。

同じ柄の茶杯と
セットでそろえても！

茶壺として蓋碗を使うときは、親指と中指で茶碗のふちを持ち、人差し指でふたを押さえて注ぎます。

## 聞香杯
もんこうはい

香りを楽しむための茶器で、茶杯とセットになっているものが定番。まず、聞香杯にお茶をいれ、茶杯に移し、その後、聞香杯に鼻を近づけて器に残った香りをかぎます。器が冷めるにつれて変化していく香りを享受するのも一興です。

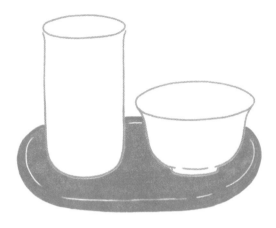

## 茶漏
ちゃろう

茶葉を茶壺に入れるときにあると便利。使わずに茶則から直接入れる場合も多くあります。

## 茶則
ちゃそく

茶缶や茶袋から茶葉を取り出すときに使う道具。竹製や木製のほか、陶器製も。

## 茶杓
ちゃしゃく

茶葉を移したり、アクをぬぐうときに。とがった先端は、茶通として茶壺に茶葉が詰まったとき便利です。

## 茶挟
ちゃばさみ

竹製や木製のピンセット。茶葉をつかんだり、茶壺の茶葉を整えるときに使用します。

# 烏龍茶・中国茶とお茶請け

**日常的にお茶を楽しむ中国ではお茶請けもいろいろ。意外な組み合わせも、ぜひ!**

## ティータイムのおともには?

何杯もお茶を飲みながらゆったりと会話を楽しむのが、中国流のティータイム。食事というよりも会話や時間を楽しむお茶のため、お茶請けにはこってりとしてボリュームがあるものではなく、おつまみ感覚でいただける軽い味わいのものが好まれます。これは、家族で楽しむときも、来客をおもてなしするときも同じです。定番はナッツやドライフルーツで、どの中国茶とも相性抜群。食感はもちろん、甘いもの、スパイシーなもの、しょっぱいもの、香ばしいものなど味わいも多彩で、飽きずにいただけます。

## すべての中国茶 + ナッツ＆ドライフルーツ

**ドライフルーツ**
イチジクやマンゴーなど。甘味や独特の旨味、酸味など、バラエティ豊かです。

**スイカの種**
あっさりした味わいで、醤油などで調味します。

**茶梅**
梅を加工したもの。甘いものが主流です。

**カボチャの種**
ほのかな甘味と軽い塩けが後を引く味です。

## 烏龍茶
（東方美人など）

or

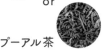

プーアル茶

### ＋ 月餅

さっぱりした甘みの京式月餅には、フルーティな青茶の烏龍茶、重厚感のある広式月餅には、味わい深い黒茶のプーアル茶がマッチ。

## 烏龍茶
（黄金桂など）

### ＋ 大学いも

烏龍茶の中でも黄金桂は、大学いものように香ばしくやさしい甘さが特徴。相乗効果でお互いの甘さを引き立て合います。

## 烏龍茶
（東方美人など）

or

茉莉花茶
（モーリーファーチャ）

### ＋ マカロン

ほろっと軽やかで、さまざまなフレーバーがあるマカロン。その風味を存分に味わうなら、香り高い東方美人やジャスミン茶を。

## プーアル茶 ＋ 麻花
（マーホア）

麻花は素朴な味わいの中国風かりんとう。油で揚げてあるので、油をすっきり流してくれる黒茶のプーアル茶がおすすめです。

## フレーバード烏龍茶
（白桃）

### ＋ 琥珀糖

琥珀糖特有のシャリッとした食感と甘みが、烏龍茶の味わいと白桃の香り、ジューシーな果実感を絶妙に引き出します。

## 中国緑茶 ＋ ゴマ団子

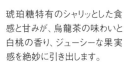

さっぱりとした中国緑茶には、オイリーなお茶請けがマッチします。ゴマをまぶして揚げたゴマ団子は、とくに好相性。

Column

# 世界のお茶紀行

## チベットのバター茶

バターと塩を入れるしょっぱいお茶

　バター茶とは、チベット高原に暮らす遊牧民の間で広まったお茶。煮出したお茶にヤクのミルク、バター、そして塩を加え、「ドンモ」と呼ばれる木の攪拌容器で混ぜてつくります。使われる茶葉は磚茶。プーアル茶などをレンガ状に固めた団茶の一種で、削ってから細かくして使います。

　体を温め、塩分、エネルギー、水分の補給にもなるこのバター茶は、標高が高く、乾燥した草原地帯で暮らす人々にとっては体のために欠かせない飲み物。また、飲むだけでなく、主食の大麦をこねる際にも使われます。クセが強いその味は、慣れれば病みつきになるとか。

　お茶の産地である中国・雲南省南部とチベット高原を結ぶ道は、「茶馬古道」と呼ばれる重要な交易路でした。その道を通じてこの地にお茶が伝わったのは7世紀。中国の皇女がチベットの王に嫁いだのが、きっかけだそうです。また、チベットから伝来し、モンゴルでも飲まれています。

# 第 **4** 章

# お茶の
# 基本を知ろう
# ❸紅茶

· · · · · · · · · · · · · · · · · · · ·  · · · · · · · · · · · · · · · · · · · ·

東洋から西洋に伝わったお茶は
ミルクティーなどの飲み方を通じて、
世界中に広まっていきました。
産地や葉のグレードなど、知れば知るほど奥が深いです。

# イギリスと紅茶の歴史

世界で最も飲まれているお茶「紅茶」の歴史を7つのトピックでたどります。

Topic 1

## 1657年　コーヒー・ハウスでお茶が出される

お茶がイギリスに入ってきたのは1630年頃。一般に市販されたのは1657年、トーマス・ギャラウェイというコーヒー・ハウスの店主が店に出したのが最初といわれています。

コーヒー・ハウスとは、当時イギリスで流行していた男性客限定の喫茶店で、商人や貴族たちの社交場として発展していました。そんな場所で、コーヒーやチョコレートと並んで提供されたお茶は、当時「万能薬」として高価な値で売られました。それがかえって「東洋の神秘的な飲み物」と好奇心の強い富裕層の心をつかみ、広まっていったといいます。また、当時のイギリスの飲み物はジンやビールなどのアルコールまたはミルクやホエイなどの乳製品だったため、酔わない飲み物として好評を博したとも考えられています。

18世紀にはコーヒー・ハウスに代わり、音楽やダンスとともにお茶を楽しむ屋外の娯楽施設ティーガーデンが発展。お金を払えば誰でも利用でき、お茶文化はさらに広がりました。

## 紅茶も起源は中国

17世紀初頭、オランダ人によって最初にヨーロッパに運ばれたお茶は、緑茶でした。紅茶の誕生には諸説あり、発酵度が高く茶葉が黒いことから福建省・武夷山産のお茶（ボヘアティー）がイギリス商人に好まれて輸入されたというものや、戦乱などに巻き込まれて放置されていた製茶途中の緑茶を、廃棄せずに仕上げた結果、偶然誕生したことがルーツである、という武夷山周辺に伝わるお話などがあります。どちらにしても、輸入茶葉には緑色の「グリーンティー」、と発酵が進んだ黒い茶葉「ブラックティー」が混在しており、ブラックティーがのちに紅茶へと発展していきます。

## 1662年　キャサリン王女がイギリスに喫茶文化を持ち込む

イギリスにおいてお茶を日常の飲み物に変えるきっかけをつくったのが、1662年、国王チャールズⅡ世に嫁いできたキャサリン王妃です。

母国ポルトガルで喫茶の風習を身につけていた彼女は、嫁入り道具に中国製の茶道具と中国茶、そして大量の砂糖を持参。宮廷内の茶会で「砂糖入り茶」をふるまい、貴族の間に喫茶ブームを起こしました。キャサリン王妃は「ザ・ファースト・ティドリンキング・クイーン（喫茶の風習を身につけた最初の王妃）」と呼ばれています。

ポルトガルからイギリスに嫁いできたキャサリン・オブ・ブラガンザ。（メトロポリタン美術館）

## 17〜18世紀　東インド会社で茶貿易がさかんに

東インド会社とは、アジアとの貿易を目的に設立された貿易会社。イギリスをはじめ、オランダ、フランスなどヨーロッパ諸国にそれぞれ存在し、アジアとの貿易を国から独占的に認められていました。

イギリス東インド会社で、スパイスや繊維品といった輸入品の中にお茶が加わったのは1669年。当初はバンダムに運んでくる中国船やオランダ船のお茶を買い付けている程度でしたが、上流階級での茶趣味が広がるとお茶の需要は高まり、1717年には中国と直接茶貿易を開始。イギリス東インド会社の輸入品のうち紅茶の占める割合は高くなっていきました。

## 1702年　アン女王が喫茶のスタイルを確立

1702年に女王の座に就いたアン女王もまた、お茶を愛したイギリス王室のひとり。

ウインザー城に茶室をつくり、日々お茶を楽しみ、客にふるまうことも多かったといいます。喫茶用の丸いティーテーブルに東洋趣味のティーポットや茶碗、砂糖入れなどのティーセットをそろえてお茶を飲むというアン女王の喫茶スタイルは羨望を集め、上流階級ではこのスタイルが定着。アン女王が愛用した純銀のティーセットやティーテーブルのデザインは「クイーン・アン・スタイル」と呼ばれ、後世に受け継がれています。

## 1823年　アッサム種の発見・栽培

中国にしかないと思われていたチャの木が、1823年、インドのアッサム地方で発見されました。発見者はスコットランド人のブルース兄弟です。しかし、発見されたチャの木は中国の茶葉よりも葉が大きいアッサム種だったため、すぐにチャの木とは認められませんでした。発見者である兄は1825年に亡くなってしまいますが、弟は現地で栽培を続け、1839年、アッサムティーを誕生させます。

この発見により、イギリスはアッサム地方のほかダージリン、セイロン島なども続々開拓。大規模な茶園開発へと乗り出します。

## Topic 6

### 1845年頃　アンナマリアのアフタヌーンティー

　アッサムティーがイギリス国内で出回り始めた頃、貴族社会では新しい喫茶文化、アフタヌーンティーが生まれました。

　きっかけは7代目ベッドフォード公爵夫人・アンナマリアが始めたという「午後のお茶会」。当時の貴族たちは朝にベッドティーと豪華なイングリッシュ・ブレックファストをとり、夕方にディナーをとる1日2食の生活だったため、アンナマリアは午後5時頃に焼き菓子やサンドイッチとともに、紅茶を楽しむお茶会をするようになりました。それが名物となり、ヴィクトリア女王にも推奨されるイギリス公式の午後の習慣となったのです。

## Topic 7

### 19世紀半ば　セイロンティーを育てた2人の紳士

ジェームス・テーラー

トーマス・リプトン

　アッサム地方で紅茶栽培が拡大していた頃、じつはセイロンはコーヒーの産地として栄えていました。しかし、1860年頃からコーヒーの葉を枯らすサビ病が広がり、コーヒー農園は壊滅状態に。このとき、コーヒーに代わりアッサム種のチャの木の栽培を成功させたのが、ジェームス・テーラー。廃れたコーヒー園を茶園へと生き返らせた彼は「セイロン紅茶の神様」と称えられています。

　さらに1890年、セイロンのウバ地区で茶園を買い取り、セイロンティーを世界中に広めたのがトーマス・リプトン。有名な紅茶ブランド「リプトン」の創業者です。

# ティー・ウィズ・ミルク ＆ レモン

ミルクティー、レモンティーの歩んできた道のりとは…？

ウィズ・ミルク

## 長きにわたって繰り広げられたミルク論争

「お茶が先か、ミルクが先か」イギリスではおいしい紅茶のいれ方について、長い間論争が繰り広げられてきました。

1848年、イギリスの家庭雑誌『ファミリー・エコノミスト』誌が紅茶のおいしいいれ方を提言したのが始まりといわれ、紅茶論争はやがてミルクの扱い方を問うミルク論争へ移行。有名なところでは、紅茶好きの作家ジョージ・オーウェルが、自身のエッセイで「紅茶のおいしいいれ方11か条」を提案しています。さらに紅茶のトップブランドであるトワイニング社やリプトン社も議論に参戦。お茶が先でミ

ルクはあとに入れるMIA（ミルク・イン・アフター）派と、ミルクの中に熱いお茶を注ぐMIF（ミルク・イン・ファースト）派の論争は、100年以上も続くことになります。

また、ミルク論争には茶器も関係しています。かつては茶器がとてつもなく高価だったため、茶器をとても大切に扱っていました。ところが熱いお茶と冷たいカップとの温度差が原因で、安いカップが割れてしまうこともありました。そのため、ミルクが先というロジックが生まれたのです。

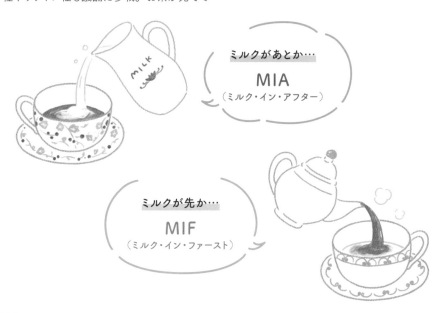

ミルクがあとか…
MIA
（ミルク・イン・アフター）

ミルクが先か…
MIF
（ミルク・イン・ファースト）

## 論争について終止符が打たれる？

長きにわたり続いてきたミルク論争ですが、2003年、ついに1つの結論が下されます。その役目を担ったのが、英国王立化学協会。化学技術者アンドリュー・スティープリー博士の検証にもとづき、「一杯の完璧な紅茶をいれる方法」を発表。そこで主張されたのは「ミルク・イン・ファースト」でした。ただし、この発表は王立化学協会が面白がって書いた、英国流のジョークだったのです。このことがきっかけで一応決着したミルク論争ですが、そもそも紅茶は嗜好品。どちらを楽しむのも自由です。

## 【 さまざまな紅茶のいれ方の主張 】

**ミルクが先！**

### ファミリー・エコノミスト誌

具体的な紅茶のいれ方に限らず、水の種類やティーポットの素材、保温方法などについても触れた10か条を提言。カップには砂糖→ミルク→紅茶の順でいれることをすすめています。

**ミルクが後！**

### ジョージ・オーウェル

「ミルクティーは紅茶が先、あとからミルクを入れること」と明言。そのほうがミルクの調整がしやすいためです。さらに砂糖はお茶の味を損なうとして使用に反対しました。

**ミルクが先！**

### トワイニング社

「室温のミルクに紅茶を注ぐほうがよく混ざる」として、MIFを主張。提唱した9か条の中には、茶の種類によってはブラックティーのほうが風味を楽しめるという記述も。

**ミルクが先！**

### 英国王立化学協会

ミルクに熱い紅茶を注いだほうが温度の上昇を防げるため、たんぱく質が変性せず風味が保たれるという理由から、ミルク・イン・ファーストを主張。

#### 「一杯の完璧な紅茶をいれる方法」10か条

1. 新鮮な軟水をやかんに入れ、火にかける。
2. 水が沸騰するのを待つ間、1/4カップの水を入れた陶磁器製のティーポットを電子レンジで約1分間加熱して、温めておく。
3. 沸騰するのと同時に、電子レンジで加熱したティーポットの水を捨てる。
4. カップ1杯につきティースプーン1杯の割合でティーポットへ茶葉を入れる。
5. ティーポットを沸騰しているやかんまで持っていき、茶葉の上に勢いよく湯を注ぐ。
6. 3分間蒸らす。
7. ティーカップは陶器製のもの、もしくはあなたのお気に入りのものを使う。
8. ミルクは初めに冷たいままカップに注ぎ、続けて紅茶を、豊かで美味しそうな色合いになるまで注ぐ。
9. 砂糖を最後に加えて味わいを出す。
10. 60〜65℃の温度で飲む。

## イギリス人はミルクティーがお好き

　もともとイギリスでは日常的にミルクなどの乳製品を飲む習慣があり、そこへお茶が入ってきたため、ミルクティーが定番となったと考えられています。飲用されている紅茶のうち95％はミルクティーというのですから、その人気に驚きます。

　さて、そんなイギリスの紅茶文化に「クリームティー」というものがあるのをご存知ですか。クリームを乗せた紅茶のことではなく、紅茶とスコーン、クロテッドクリーム、ジャムのセットを指す言葉です。朝食や昼食代わりに、午後の休憩に、クリームティーを楽しむのがイギリスのスタンダード。そしてクリームティーで飲まれる紅茶は、やっぱりミルクティーが定番なのです。

# イギリス人のティータイム

イギリスでは、一人当たり1日に4〜5杯は紅茶を飲むそうです。生活の変化により
簡略化しているものの、紅茶を楽しむ習慣は現代のイギリスにも受け継がれています。

### 朝 アーリーモーニングティー

朝起きたらまず紅茶を1杯、ベッドの中でいただきます。夫が妻にサービスすることが多いです。

### 朝 ブレックファストティー

ボリュームのある朝食とともに、たっぷりのミルクティーを飲みます。

### AM11:00頃 イレブンジス

午前中の休憩時間として、11時頃にティータイムを設ける習慣があります。

### PM4:00 アフタヌーンティー

スコーン、サンドイッチといった軽食と一緒に紅茶をいただきます。

### PM6:00頃 ハイティー

アフタヌーンティーよりも遅い時間にとるティータイム。お肉と一緒に紅茶をいただきます。

### 夕食後 アフターディナーティー

夕食後に部屋を変え、くつろぎながら紅茶を楽しみます。アルコールが加わることも。

## そもそもミルクティーは どうやって始まった？

　ミルクティーをこよなく愛するイギリス以外にも、インド、モンゴル、チベットでは古くからお茶にミルクを入れて飲む習慣があったといいます。これらの地域は、もともと牧畜を行い、ミルクを活用する文化がすでに発展していたところです。そこにお茶が入って来て、それぞれの地域の特色に合ったミルクティーが誕生したのではないかと考えられています。イギリスも同じように、独自に発達したと考えるのが自然かもしれません。

ウィズ・レモン

## 誕生はアメリカ？ 日本で根づいたレモンティー

　レモンティーの起源も諸説あります。イギリスではレモンティーを「ロシアンティー」と呼ぶことから、ロシア宮廷から伝わったともいわれますが、有力なのは、アメリカ合衆国のレモン農家が広めたとする説です。

　日本では戦後、アメリカのライフスタイルとともにレモンティーが紹介され、紅茶といえばレモンと角砂糖が添えられるスタイルがしばらく定番でした。ちなみに、紅茶にレモンのスライスを浮かべるのがアメリカ、ロシア式、紅茶にレモン果汁を絞るのがイタリア、フランス式といわれています。

紅茶にレモンを加えると、クエン酸が紅茶の色素と結合。紅茶の水色（すいしょく）は黄金色に変わります。

# 葉の部位の名称とグレード

茶葉の名称とグレードの記号を知っておくと、紅茶を選ぶ際の参考になります。

## グレード＝品質や味の良し悪しではない

紅茶の茶葉選びは1つ目にグレード、2つ目に産地（ダージリン、アッサムなど）、3つ目にブレンドティーかフレーバードティーか、がポイントになります。

紅茶のパッケージには、「BOP」などのアルファベット表記がありますが、これは「リーフグレード」といい、茶葉の等級を表したものです。グレードといっても品質の良し悪しで

はなく、茶葉の大きさ、形状を区別するもの。茶葉の大きさや形状で抽出時間や香りが変わってきます。

表記には茶葉の部位の名称が入っていて、「OP」なら先端から2枚目の葉を使っているという意味。さらに葉の加工を表す表記が前後につくことも。「BOP」なら、OPを細かく砕いたブロークンタイプ（B）という意味です。

## 【 葉の加工の表記 】

| | |
|---|---|
| *B*（*Broken*）<br>ブロークン | リーフを2〜3mmにカットした状態の茶葉。<br>（例）BPS……PSを細かく砕いたブロークンタイプ |
| ~*F*（*Fannings*）<br>ファニングス | ブロークンよりさらに細かく、リーフを1mm程度にカットした茶葉。<br>（例）BOPF……ブロークンタイプのOPを、さらに細かくした状態 |
| *D*（*Dust*）<br>ダスト | ファニングスよりさらに細かく砕いた茶葉。 |
| *CTC*<br>（*Crush, Tear and Curl*）<br>シーティーシー | 砕いた茶葉を専用の機械で粒状にしたもの。 |

## 【 グレードの表記 】

CTC製法の茶葉

| | |
|---|---|
| *TG*（*Tippy Golden*）<br>ティッピーゴールデン | 金色の産毛がついた新芽（ゴールデンチップス）を含む上級品。<br>（例）TGFOP……新芽を多く含んだ、FOPの上級品 |
| *F*~（*Finest*）<br>ファイネスト | TGの前にFがつくと、さらに新芽をを多く含む上級品。<br>（例）FTGFOP……TGFOPの上級品 |
| *S*~（*Special*）<br>スペシャル | 前にSがつくと、最高級品。<br>（例）SFTGFOP……FTGFOPの中でも、特級品 |

# 【 茶葉の部位の名称と表記 】

茶葉は部位によって大きさが異なり、上の葉は小さく、下にいくほど大きくなります。それぞれ呼び名があり、アルファベットで記されます。部位の名称やサイズに国際基準はないため、産地やエリア、国によって、分類は異なります。

## *FOP*
*(Flowery Orange Pekoe)*
**フラワリー・オレンジペコ**

いちばん先端にある、葉の開いていない小さい芽の部分。発酵させると花のような香りを出す。

## *OP* *(Orange Pekoe)*
**オレンジペコ**

先端から2番目にある細長い小さめの葉。渋味が少なく、品質の高い茶葉に使われることが多い。

## *P* *(Pekoe)*
**ペコ**

先端から3番目にある中サイズの葉。OPよりも葉が厚めで短い。水色や香りは薄いが、コクのある味に。

## *PS* *(Pekoe Souchong)*
**ペコスーチョン**

先端から4番目にある大きめの葉。Pより硬くて太い。水色や香りが弱くなる。

## *S* *(Souchong)*
**スーチョン**

先端から5番目の大きい葉。PSよりも葉が硬く丸みがある。ブロークンタイプにすることが多い。

# 紅茶の産地と種類

世界中合わせて約30か国でつくられている紅茶。主要産地の茶葉の特徴を見てみましょう。

## トルコ

### 「チャイ」で知られる甘めの紅茶

黒海に面したリゼやトラブゾンで栽培され、国内消費がほとんど。やさしい香りと甘味があり、ストレートか砂糖で甘くして飲むことが多いようです。

## ケニア

### 世界第2位の紅茶の生産国

知名度は低いものの、インドに次ぐ生産量を誇ります。スパイシーで力強い味、ほとんどがCTC製法なので、ミルクによく合います。

## インド

（→p.124）

## ウガンダ

### 内陸高原地帯で1年中栽培

アフリカでは3位の生産量を誇り、ほとんどがCTC製法。香味はマイルド、すっきりとした飲み口で、ティーバッグ用のお茶として使用されています。

## マラウイ

### アフリカで最初に紅茶栽培が行われた地

CTCの変形とされるLTP製法（CTC機ではない機械で茶葉を裁断）でつくられ、カテキン成分が多いのが特徴。クセが少なくブレンドに多く使われています。

## タンザニア

### 世界最高峰のキリマンジャロで有名な紅茶産地

赤道直下の高地栽培で、年間を通して栽培が可能。CTC製法で、香味はケニアCTC茶に似ていますが、ややマイルドです。

## スリランカ

（→p.126）

122

## キームン

蘭の花のような香りが
特徴で、とくにヨーロッ
パで人気が高い紅茶
です。

（ラプ サン スー チョン）

## 正山小種

松柏の木を燃やして
茶葉を乾燥させること
で出る、スモーキーな
香りが特徴。

## 🇨🇳 中国

### 紅茶が誕生した地

英国で人気のある銘茶として知られ
る正山小種のほか、世界三大銘茶の
ひとつであるキームン、雲南紅茶など
が有名です。生産した紅茶の9割を
輸出しています。

## ⭐ ベトナム

### ブレンド向けが
### 主流

古くからお茶文化があり、
蓮茶（ロータスティー）など
が有名。紅茶では主にブ
レンド向けのものを生産し
ています。

## 🇮🇩 インドネシア

### 主な生産地は
### ジャワ島とスマトラ島

コーヒーの産地として有名な2
島ですが、紅茶の産地としても
世界有数。香りはスリランカの
紅茶に近いです。

## 🇲🇾 マレーシア

### 王室御用達の
### 高級紅茶が有名

キャメロンハイランドという
常春の高原で栽培された
紅茶で知られます。香り高
い高級茶としてマレーシア
王室やイギリスのロイヤル
ファミリーにも人気。

# インドの紅茶

年間約95万tもの紅茶を生産するインドは、世界最大の紅茶の産地。ダージリン、アッサムを含む東北部では、インドの茶の75％を生産しています。南部にはニルギリがあります。どちらもイギリス支配下の時代に、中国の銘茶産地の気候風土に近い地域として茶園が開拓されました。つくられている紅茶の9割はCTC製法ですが、オーソドックス製法も受け継がれています。

アッサム

ダージリン

ニルギリ

---

「青い山」を意味する高原の産地
## ニルギリ

インド南部、西ガーツ山脈の標高1200〜1800mほどの高原で栽培されているニルギリ紅茶は、1年中温暖な気候のため年間を通して栽培が可能。生産量が多いのは4〜5月、9〜12月ですが、最もニルギリらしさが味わえるクオリティシーズンは1〜2月。元来フルーティな香りが特徴の紅茶ですが、ミントやレモンのような香りが強くなります。

### ニルギリ

90％以上がCTC製法。クセがなく飲みやすいのでブレンドに使われることが多い。

---

英国式紅茶、始まりの地
## アッサム

アッサム種が発見され、英国式紅茶栽培の発祥の地であるアッサム地方には、大小合わせて6万5000以上もの茶園があります。中には世界最大級の生産量を誇る茶園も。アッサム地方だけで世界のお茶の約1/5を生産するというから驚きです。アッサムの茶摘み時期は3〜11月ですが、クオリティシーズンは夏摘みの5〜6月です。アッサムはCTC発祥の地でもあります。

### アッサム
（CTC製法）

濃厚なコクと味わいがあり、ミルクティーやチャイに最適。

### アッサム
（ゴールデンチップスを含む）

最良品である夏摘みは芳醇な香りと濃厚な甘味が特徴。

## 標高2000mの紅茶の聖地
# ダージリン

ヒマラヤ山脈の麓に位置するダージリンは、冬に氷点下になっても凍りつくことはないため、チャの木を育てるのに最適な環境。伝統的なオーソドックス製法で紅茶がつくられ、その品質のよさは世界で認められています。茶葉の収穫は、春摘み、夏摘み、秋摘みと、旬が年3回もあります。

山の斜面にあるダージリンの茶園。

---

| 3～4月 | 5～6月 | 10～11月 |
|---|---|---|
| # 春摘み | # 夏摘み | # 秋摘み |
| （ファーストフラッシュ） | （セカンドフラッシュ） | （オータムナル） |

茶葉は緑茶のような緑色で、水色<sup>すいしょく</sup>はレモンイエローから淡いオレンジ。若葉のような香りと、さわやかな渋味があり、喉ごしがよいのが特徴です。

「紅茶のボルドー」といわれる濃いオレンジ色の水色<sup>すいしょく</sup>、「マスカテル・フレーバー」と呼ばれる官能的な香りをもつ、最高品質のダージリンを生み出します。

モンスーンや雨期のあとに摘むお茶。夏摘みに似ますが、春摘みが不作の場合は春摘みに近い製茶が行われます。寒暖差があるため甘味が出やすいのが特徴です。

---

【 ダージリンの茶摘みシーズン例 】

| 1月 | 2月 | 3月 | 4月 | 5月 | 6月 | 7月 | 8月 | 9月 | 10月 | 11月 | 12月 |
|---|---|---|---|---|---|---|---|---|---|---|---|

春摘み 3～4月半ば

夏摘み 5月半ば～6月末

秋摘み 10月半ば～11月末

※お茶は農作物のため天候や作柄などの影響により変動があります

# スリランカの紅茶

かつて「セイロン」と呼ばれたスリランカ。「セイロン」とは「光り輝く島」という意味で、サファイア、ルビー、トパーズといったさまざまな宝石を育む島です。そんな島には標高も植生も異なるお茶産地があちこちにあり、産地ごとに風味の異なる紅茶が楽しめます。茶園は標高によって、高いほうからハイグロウン、ミディアムグロウン、ローグロウンに分類されていて、ハイとミディアムには季節風の影響でクオリティシーズンがあります。

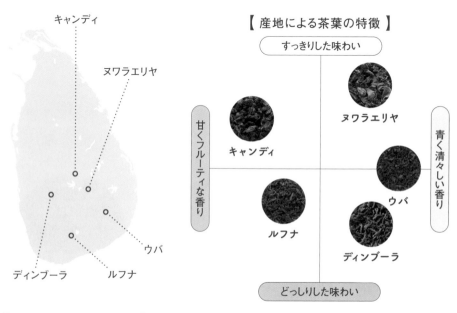

【 産地による茶葉の特徴 】

すっきりした味わい

甘くフルーティな香り

青く清々しい香り

ヌワラエリヤ

キャンディ

ルフナ

ウバ

ディンブーラ

どっしりした味わい

【 標高による産地の分類 】

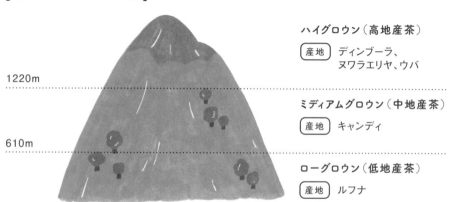

ハイグロウン（高地産茶）

産地　ディンブーラ、ヌワラエリヤ、ウバ

1220m

ミディアムグロウン（中地産茶）

産地　キャンディ

610m

ローグロウン（低地産茶）

産地　ルフナ

## 世界三大銘茶の
## ひとつ
# ウバ

ハイグロウンの産地のひとつ。1年を通して茶葉は生産されますが、とくに7〜9月の南西モンスーンの期間中は良質な茶葉がとれるクオリティシーズン。この時期はウバ・フレーバーといって、バラの香りと爽やかなメンソールの香りをもった茶葉が生産されます。渋味とコクがあり、ミルクティーにおすすめ。

ウバの茶園。スリランカの中でも標高の高いところにある。

## 標高2000mの
## 生産地
# ヌワラエリヤ

ハイグロウンの中でも最も高い場所に位置する茶の生産地で、1日の中で生じる温度差と乾いた風が花のようなやさしい香りをもった茶葉が育ちます。年中生産されていますが、クオリティシーズンは1〜2月、6〜7月の年2回あります。発酵を浅めにするため緑茶のような爽やかな渋味とコクがある、黄金色の美しい紅茶がつくられています。

## セイロン紅茶の中で
## 最も古い産地
# ディンブーラ

かつてコーヒー豆の産地だったセイロン。コーヒーが全滅の危機に際し、最初にチャの木を植えたのがディンブーラでした。ミディアム〜ハイグロウンで、クオリティシーズンは1〜3月。セミオーソドックス製法ですが、クオリティシーズンにはオーソドックス製法が見られ、香り、コク、渋味とバランスの取れた紅茶がつくられます。

## ミディアムグロウンの
## 代表産地
# キャンディ

かつて島の首都があり、世界遺産にも登録されている古都。「セイロン紅茶の父」と呼ばれるジェームス・テーラーがアッサム種の種子をまき、栽培に成功した地でもあります。年間を通して平均気温が24〜25℃という温暖な地域のため、1年中生産できます。生産品の多くはブレンドして使用されています。

## ローグロウン地域の
## 総称
# ルフナ

ルフナとは中央山脈の南に位置するローグロウンの総称です。高温多湿のため茶葉の成長が早く、4〜6月、10〜11月の多雨期にはとくに生産量が多くなります。渋味が少なくコクが深い、アッサム茶に似た香りと味で、ミルクティーによく合います。西アジアや中近東の国で人気が高まっています。

# その他の紅茶の種類

ブレンドティーとフレーバードティーについても知っておきましょう。

## 安定した味を保つブレンドティーって？

　ブレンドティーとは、各紅茶メーカーが独自に茶葉をブレンドしてつくったお茶のこと。産地による茶葉は季節や年によって味や値段が変化しますが、ブレンドティーは安定した味と価格を提供するために開発されました。また、消費国の水質に合わせてブレンドするなど、バリエーションが広がるという利点も。

　ブレンドティーの代表としては、「ブレックファストティー」や「アフタヌーンティー」など、紅茶を飲むシチュエーションに合わせた名称のものが各メーカーから出ています。

### アフタヌーンティー

午後のティータイム向けの紅茶。一緒にいただくスイーツや食事に合うように、あっさりした味にブレンドされることが多いです。

## 多種多様なフレーバードティー

　イギリス流のフレーバードティーの誕生は、1830年頃にイギリス首相を務めたグレイ伯爵が、住んでいた館の水に合う紅茶を所望したことに始まるという説があります。そのときにつくられたのが、茶葉をベルガモットで香りづけした「アールグレイ」。フレーバードティーの元祖です。

　その後、茶葉に香りを吹き付ける製法（フレーバード）のほか、茶葉に乾燥ピールや花びらをブレンドする製法（ブレンデッド）、茶葉に香りを吸収させる製法（センテッド）が生み出され、今では果物や花、スパイスなどの風味を加えた紅茶が多種類出ています。

### アールグレイ

イタリア原産の柑橘類・ベルガモットの香りをつけたフレーバードティー。ダージリンやセイロンなどさまざまな紅茶でつくられています。

# 【 代表的なフレーバードティー 】

おすすめのフレーバードティーをご紹介します。

## アップル

甘酸っぱいりんごの香りが人気の
フルーツフレーバーの定番。使う
りんごや製法によって個性もいろ
いろ。

## 白桃

みずみずしい白桃の香りは、アイ
スティーにもぴったり。ブレンデッ
ド製法の場合は、乾燥させた桃の
若葉を使うことが多い。

## グレープフルーツ

グレープフルーツの甘酸っぱくて
少しほろ苦い香りが爽やか。柑
橘系の香りは気分をリフレッシュし
たいときにおすすめ。

## バニラ

ほんのり甘いバニラの香りは、ミ
ルクによく合います。バニラビーン
ズをブレンドしたものなら、より芳
醇な香りを楽しめます。

## ローズ・ダージリン

バラの花びらをブレンド。ダージリ
ンとバラの香りが合わさった香り
で優雅な気分に。花びらをブレン
ドした紅茶は贈り物にもおすすめ。

## テ・オ・ショコラ

カカオニブとココアパウダーをブレ
ンド。ビターチョコレートのような
深い香りは、ミルクにもリキュール
にも合います。

※上記の製品はすべてルピシアで
　製造されているもので、メーカー
　によって種類は異なります。

# 紅茶ができるまで

紅茶の製造方法の中でも代表的なオーソドックス製法とＣＴＣ製法の２つを紹介します。

## 【 オーソドックス製法 】

昔から行われてきた伝統的な製茶方法。機械化されていますが工程ごとに人の手が入ります。現在この製法でつくられるのは、ダージリン、ニルギリ、アッサム、スリランカなど特定の産地の中でも高級紅茶だけです。

### ① 摘む（摘採）

チャの木の新芽と若葉を手で摘み採ります。下手な摘み方をすると次の茶葉の育ちに影響するので、熟練の技が必要です。

ダージリンの茶園風景。

### ② 萎凋

摘んだ生葉を乾燥して、しおれさせます。日影干し、または温風を当てる人工萎凋で、10〜15時間かけて茶葉の水分を60％まで減らします。

### ③ 揉む（揉捻）

しおれた茶葉に圧力をかけながら揉みます。絞り出た葉汁を空気に触れさせることで、酸化発酵を促進します。

### ④ 発酵

揉捻した茶葉を、室温25℃、湿度90％の発酵室に静置し、さらに酸化発酵させます。この工程で紅茶らしい色や香り、コクが生まれます。

### ⑤ 乾燥

乾燥機で茶葉の水分が3〜4％になるまで乾燥させ、発酵を止めます。この過程で焙煎香なども追加。ここで紅茶の風味が決まります。

### ⑥ 仕上げ

混入物を取り除き、ふるいにかけて大きさ別（グレード別）に区分し、仕上げます。

> **ローターバンとは？**
>
> 　萎凋を終えた茶葉を圧縮して切断し、細かく砕く機械です。オーソドックス製法を効率化するための機械で、ローターバンを使った製造方法を「セミオーソドックス製法」といいます。

## 【 CTC製法（アン・オーソドックス製法）】

大量生産向けに開発された、機械を使った製法で、短時間で発酵、乾燥を行います。つぶす、引き裂く、丸める、の3工程をCTC機という加工機で行い、できあがった茶葉が細かい粒状をしているのが特徴です。CTC製法はアッサム（p.124）が発祥の地。アッサムでは現在、茶生産の約90%がCTC製法でつくられています。

$Crush$ つぶす

$Tear$ 引き裂く

$Curl$ 粒状に丸める

### ① 摘採

茶葉を摘む作業は、オーソドックス製法と同様、手摘みで行います。

### ② 萎凋

茶葉を乾燥させ、水分を30〜40%にしてしおれさせます。金網の上に茶葉を敷き詰めて下から温風を当てる人工萎凋法で行われます。

### ③ CTC機

茶葉をCTC機に入れます。CTC機はステンレス製の2本のローラーからなっていて、突起物のついたローラーの隙間に茶葉を巻き込み、つぶして切断。葉汁を付着させながら細かい粒状に成形されていきます。

### ④ 発酵

オーソドックス製法と同じく、発酵室で発酵させます。

### ⑤ 乾燥

茶葉の水分量が3〜4%になるまで乾燥機で乾燥させます。

### ⑥ 仕上げ

混入物を取り除き、ふるいにかけてサイズ分けします。

CTC製法でつくられた細かい茶葉。

# 茶器のいろいろ

紅茶は茶器をそろえるのも楽しいもの。基本の茶器からそろえましょう。

## まずはそろえたい3つのアイテム

紅茶の茶器はデザインも優雅なものが多く、見ているだけで楽しくなりますね。いろいろとそろえたくなりますが、ティーポット、カップ＆ソーサー、ティーストレーナーの3つがあれば、十分においしい紅茶が楽しめます。まずは、この3つからそろえましょう。

選ぶ際は保温性に注目。茶葉を十分に開かせ、香りや味を引き出すためには、100℃近いお湯が必要です。ティーポットやカップ＆ソーサーには、高温を保てる材質のもの、陶磁器製や耐熱ガラス製、ホーロー製がおすすめです。

## ① ティーポット

おいしい紅茶をいれるにはティーポットが大切。内部で茶葉がよく開き、ジャンピングが起こりやすい、丸みがあって大きめのものを選びましょう。
2人分なら700ml、3人分なら1000〜1200mlサイズが目安です。

茶こしつきのものも！

**ティーカップ＆ソーサー**

紅茶のカップは、飲むときに冷めやすく、また香りが立ちやすいよう、浅めで口は広くつくられています。また、水色も楽しめるよう、内部は白いものがおすすめです。

**普段使いには
マグカップも便利**

ティーカップと比べ、カジュアルで使いやすいのがマグカップ。普段、たくさん飲みたいときにはマグカップで楽しむのもいいでしょう。ティーバッグを使うならふたつきが便利です。

 **ティーストレーナー**

紅茶をティーポットからカップに注ぐとき、茶葉が入らないようにする茶こしです。目の細かいものがおすすめ。カップに引っかけて使うものや茶葉を入れてティーバッグのように使うものなど種類豊富です。

## ティータイムを楽しむアイテムはいろいろ

　紅茶文化は、お茶の味や香りを楽しむだけでなく、ティータイムという優雅な時間を楽しむことも文化のひとつとなっています。お気に入りの茶器をそろえて楽しむ紅茶もまた、格別でしょう。

　テーブルには、ティーポットやカップに合わせ、シュガーポット、クリーマーをセットするのがおすすめ。ティースプーンはコーヒースプーンとはサイズがちがうので、専用のものを用意するといいでしょう。茶葉を計量できるドザールもあると便利です。

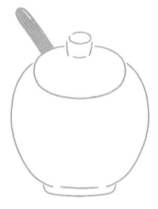

## シュガーポット

角砂糖やグラニュー糖を入れ、ティーポットと一緒にテーブルに並べます。ふたつきのものがおすすめ。ティーポットやティーカップと同じデザインだと統一感があって素敵です。

## クリーマー

ミルクやコンデンスミルクを入れ、シュガーポットと同じくテーブルに並べます。自分で入れる量を加減できるので、ミルクティーを楽しむときには用意したいものです。

## ドザール

茶葉の分量をはかるスプーン。茶葉の形状によっても異なりますが、1杯分で茶葉約3g。

## ティースプーン

コーヒースプーンに比べて、ひと回り大きめとされています。ティーカップに合うデザインのものを選びましょう。長持ちする銀製のものがおすすめです。

## ティーバッグレスト

ティーポットやカップから取り出したティーバッグを置くためのお皿。ティーバッグを使っていないときは、角砂糖やレモンをのせるお皿としても使えます。

## 保存用クリップ

紅茶の茶葉は湿気やにおいを吸収する性質があります。また、酸素は茶葉を酸化させるので、開封後は密閉保存が必須。専用の容器を用意するか、保存用クリップで密閉しましょう。

## よりおいしく紅茶を楽しむなら保存用アイテムも

　紅茶の味にこだわりたいという人には、さらに、茶葉を保存する容器や、いれた紅茶を保温するアイテムをおすすめします。

　茶葉を保存する容器は、遮光性と密閉性が必要です。もともと缶に入って売られているものもありますが、その缶は密閉容器ではないことが多いので、ティーキャディーという茶葉専用の保存容器に入れ替えるほうがよいでしょう。また、ティーポットの上からかぶせて保温するティーコジーは、20〜30分間は熱い状態で紅茶を保温できる優れものです。

## ティーコジー

キルト地で帽子のような形をしており、ティーポットの上からかぶせて保温します。ポットのサイズに合わせて選びましょう。ティーマットと合わせて使えば保温力アップ。大きめのハンカチなどでも代用できます。

## ティーキャディー

密閉性に優れた茶葉を保存する容器。さまざまな形状のものがありますが、ステンレス製で内ぶたがあるものがおすすめです。

# 茶器の歴史

茶器は、ティータイムを優雅に彩るアイテムのひとつ。その歴史をたどりましょう。

## 紅茶と同じように中国から輸入される

　紅茶をいれるときにかかせないもの、それは茶器。お茶と同様に中国からヨーロッパに伝わりました。

　当時のティーカップは小ぶりで、取っ手はありません。カップソーサーは紅茶が注げる

ほど底が深く、紅茶をソーサーに移して飲むのが一般的でした。ティーポットも中国の急須から徐々に発展していきました。その後、ヨーロッパでも磁器メーカーが誕生すると、多くの美しい茶器が登場しました。

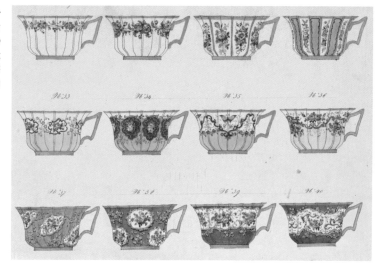

19世紀のフランスで描かれたティーポットとカップのデザイン画。色とりどりで、美しい茶器が並ぶ。（メトロポリタン美術館）

# 【 磁器の有名メーカー紹介 】

## MEISSEN
### マイセン

18世紀初頭までヨーロッパ
では、あこがれの東洋の磁
器に匹敵するものが製造で
きませんでした。しかし、ドイ
ツで硬質磁器製法が解明
されると、1710年マイセン
の地に国立の磁器工房が
設立。磁器生産がスタート
し、いまも続く名門ブランド
となりました。

ポット本体がひげの男性、注ぎ
口がイルカのユニークな形。
1719～1730年頃。

お茶が冷めないようにふたが付い
たカップ。1760～70年頃。

乗馬のシーンが描かれた芸術的なティー
ポット。1722～1723年頃。

## WEDGWOOD
### ウェッジウッド

1759年創業のイギリスの陶磁器ブランド。
「イギリス陶工の父」と呼ばれるジョサイア・
ウェッジウッドが1代で設立しました。

## KPM Berlin
### ベルリン王立磁器製陶所

1763年に、プロセイン王フリードリヒ2世に
よって設立。マイセンと並ぶドイツの主要窯
元として発展しました。

ゴールドに鳥の絵柄が目を引くカップとソーサー。
1817年頃。

## ROYAL COPENHAGEN
### ロイヤルコペンハーゲン

デンマークの磁器メーカー。1775年、当時の王妃
の援助を受け設立。王室所有の窯元として発展し、
デンマークの水路を表す3本の波マークが有名です。

取っ手の無いカップとソーサーのセット。1785
～1790年頃。

（すべてメトロポリタン美術館）

# 紅茶の出し方といただき方

紅茶でおもてなしをしたいとき、お呼ばれされたときのマナーを紹介します。

## ティーパーティーは優雅におもてなしを

普段は気負わずに楽しむティータイムも、特別なお客様を招くならティーセットをそろえておもてなししたいものです。

テーブルにはテーブルクロスと花、ケーキやプレートはお客様の正面に、その右上にティーカップ&ソーサーをセットしましょう。お客様が自分でアレンジできるよう、レモンやシュガー、ミルクもテーブルに用意しますが、紅茶をカップに注ぐのは主催者の役目。お客様の前でカップに紅茶を注ぎ、手渡します。紅茶をいれる過程を楽しむのも、ティーパーティーの醍醐味です。

スライスしたレモンやオレンジなど、柑橘類を用意しておきましょう。

小さなアレンジ花がおすすめ。香りの強い花は避けて。

ティーポットにはティーコジーをかぶせ、温かいお茶を出せるように。

洗濯のあとアイロン仕上げをした清潔なものを使いましょう。

ティーカップは取っ手が右側。ティースプーンは先を上にして右手斜めに置きます。

シュガーポットには取り分け用のスプーンもセット。ミルクは常温に。

# 【 紅茶をいただくときのポイント 】

基本的にはティーカップとソーサーの扱いに気を付ければOK。
すすめられたら遠慮せず、おかわりをいただくのもマナーです。

## OK

ティーカップは、取っ手部分を右手の指で持ち、口へ運びます。左手はソーサーに添えるとよいでしょう。

### イスから遠いときは…

ソーサーごとティーカップを取り上げ、ソーサーは左手に持ったまま、ティーカップは右手で持って口へ運びます。

### NG

ティーカップを両手で持つのはマナー違反。「お茶がぬるい」と言っているようなもので、失礼にあたります。

## ミルクティーを飲むとき

ミルクを先に入れると温度が下がるので、砂糖を入れて溶かしたあとにミルクを入れるのがおすすめ。とはいえ、入れる順に決まりはないのでお好みで。

## レモンティーを飲むとき

レモンスライスをスプーンにのせたまま紅茶に浸します。取り出したスプーンとレモンは、カップの向こう側のソーサーに置きます。

# 紅茶とお茶請け

どんな食べ物にも合う紅茶。ティータイムにおすすめの組み合わせをご紹介します。

## ダージリン

 ＋ ショートケーキ

脂肪分の多いクリーム系のケーキには、重量感があり、爽やかな渋味をもつダージリンが好相性。フルーティな香りがいちごの味を際立たせます。

## ダージリン春摘み

 ＋ ようかん

ダージリンの春摘み茶だけをブレンドした紅茶は、若葉のような香りときりっとした渋味が特徴。まろやかな甘さのようかんに上品な風味をプラスします。

## アッサム

 ＋ フォンダンショコラ

独特な渋味と深いコクのあるアッサム。その個性に負けない濃厚なお菓子がよく合います。フォンダンショコラやチーズケーキなども◎。

## セイロン・ウバ

 ＋ オレンジショコラ

苦味が強い紅茶は、柑橘系のお菓子との相性バツグン。オレンジショコラの甘味を引き立ててくれます。

## ミルクティー

**+ スコーン**

ミルクティーには、スコーンやクッキーなど焼き菓子がおすすめ。焼き菓子のパサパサ感にミルクの脂肪分がプラスされ、しっとりとちょうどよい食感に。

## ミルクティー

**+ カステラ**

カステラと牛乳が合うように、カステラとミルクティーもまたベストマッチ。濃厚なコクが卵と小麦の味を引き立てます。

## アールグレイ

**+ チョコレート**

柑橘系の香りをまとったアールグレイとチョコレートの組み合わせは、もはや定番。カカオの味が引き立つ、大人のチョコレートを楽しんで。

## フレーバードティー（アップル）

**+ ブランデーケーキ**

ブランデーケーキの合間にアップルティーをひと口。口の中にりんごの香りとブランデーの風味が重なり、より深みのある味わいに。

141

## Column 世界のお茶紀行

### トルコのチャイ

**「チャイダンルック」でいれるミルクなしのチャイ**

　世界で最も紅茶を消費しているトルコ。紅茶は「チャイ」、喫茶店は「チャイハネ」と呼ばれ、日常のあらゆるシーンで飲まれています。「チャイ」というとミルクティーを思い浮かべますが、トルコのそれはミルクを入れず、砂糖をたっぷり加えた紅茶。2段重ねのティーポットで「チャイダンルック」と呼ばれる、主にステンレス製の茶器を使うのが特徴です。

　仕組みは、まず、下のポットに水、上のポットに茶葉と少量の水を入れて火にかけ、下のポットからの蒸気を利用して上のポットでお茶を煮出します。煮出したお茶に下のポットの湯を注いで15分ほど蒸らし、これを「チャイバルダック」と呼ばれる、真ん中が少しくびれたガラスのグラスに半分ほど注ぎ、さらに下のポットの湯で濃さを調整します。

　なお、トルコは世界で5番目の生産量を誇る、有数の紅茶の産地でもあります。

# 第 **5** 章

# おいしい
# お茶をいれよう

お茶をも〜っとおいしくいただきたければ
いれ方にこだわってみましょう。
お茶の種類ごとにくわしく解説していきます。

# いれ方のキホン

お茶はいれ方で味わいがぐっと変わります。とくに大切なのは、水、時間、温度です。

## 💧 Point 水

### 水選びは大切

水はお茶の味を左右する重要な要素です。選ぶ際の基準になるのが水の硬度で、これはミネラルの含有量を表したものです。おいしさを存分に引き出すなら、含有量が少ない軟水がおすすめです。特別に用意しなくても、日本の水はほとんどが軟水ですから水道水でOK。もし、カルキ臭が気になる場合は、浄水器などを使うのがおすすめです。

軟水（硬度100未満）
日本はほとんど軟水

or

硬水（硬度100以上）
ヨーロッパは硬水が多い

## 【 湯の沸かし方 】

おいしいお茶をいれるには、沸かすときに水に含まれる空気がカギ。沸かした湯を長時間放置すると、水中の酸素が失われて味わいが平坦になってしまうので注意しましょう。

① 水を勢いよくやかんなどに注ぎます。

② 強火にかけます。大きな泡がはじけて表面が波打つまで待ちます。

③ 沸いた湯は放置せず、すぐに急須やポットに注ぎましょう。

## 🕐 Point 時間

### 茶葉によって蒸らし時間を変える

　ポットに湯を注いだあとしばらくおき、茶葉を蒸らすことで旨味や香りの成分を引き出します。この時間が短ければ味も香りも色も出ず、長すぎれば必要以上に渋味や苦味が出てきます。茶葉が大きいより小さいほうが短いなど、適正な時間はお茶の種類や茶葉のサイズによっても異なります。キッチンタイマーや砂時計を準備して正確にはかりましょう。

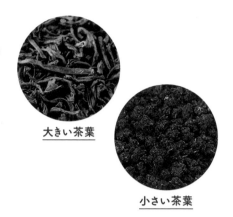

**大きい茶葉**

**小さい茶葉**

## 🌡️ Point 温度

### お茶ごとに適温がある

　蒸らし時間と同様、適正な湯の温度も茶葉によって異なります。その理由は、右の表を見てもわかるように、温度によって抽出される成分がちがうから。例えば、香りを楽しむ紅茶は沸騰し立ての高温の湯、旨味ととろみを楽しむ玉露は60℃ほどの低温の湯でいれると、おいしくなります。蒸らし時間と同様、まずは目安を参考にしましょう。

【 温度で変わる成分の溶出度 】

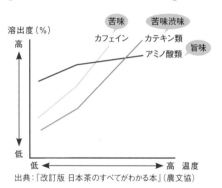

溶出度（%）

苦味
苦味渋味
カフェイン
カテキン類
旨味
アミノ酸類

高

低

低　　　　　　　　　　　高　温度

出典：『改訂版 日本茶のすべてがわかる本』（農文協）

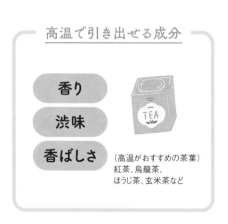

低温で引き出せる成分

旨味
とろみ
甘味
青さ

玉露

（低温がおすすめの茶葉）
煎茶、玉露、玉緑茶など

高温で引き出せる成分

香り
渋味
香ばしさ

TEA

（高温がおすすめの茶葉）
紅茶、烏龍茶、
ほうじ茶、玄米茶など

## ⟨Point⟩ 味見

### 好みの味を見つけて

時間も温度もはかったのに、思い通りの味にならないのはよくあること。なぜなら水質も茶葉の量も一定ではなく、人の好みにも左右されるからです。そんなときは、タイマーを使って目安時間の1分ほど前に味見して、蒸らし時間を調整してみましょう。味見の間にも抽出が進むので、もう少しかな？　と思うくらいが頃合いです。すぐにお茶を注ぎきるか、茶葉を取り出しましょう。味見の際は、手早くスプーンでかき混ぜながらすくうと味が均一になり、より正確な判断ができます。

### ▌注ぎ方によって味が変わる

茶葉の種類や量、湯の温度、蒸らし時間など、同じ条件でいれたとしても、注ぎ方でも味わいはぐっと変わります。例えば、小分けして注いだほうが、一気に注ぐより味が濃くなります。これは、急須やポットを傾けるたびにお湯とお茶が混ざるためで、より濃く抽出されるのです。

**さっぱりと
味わうとき**
急須やポットを揺すらず、静かにゆっくりと注ぎます。渋味が出にくく、さっぱりとした味に。

**濃厚な飲み
ごたえが
ほしいとき**
2〜3回手首を返し、小分けにして注ぎます。湯と茶葉が混ざり、より濃厚な味わいに。

# 【 茶種別 おいしいいれ方 】

1人分のおいしいいれ方の目安を一覧にしました。2人分の場合は、茶葉の量を倍にしてみてください。
これを参考に、好みのいれ方を見つけましょう。

カップ1杯分（150ml）の場合

| お茶の種類 | | 茶葉の量 | お湯の温度 | 浸出時間 | 煎出回数 |
|---|---|---|---|---|---|
| 紅茶 | 大きい茶葉<br>（フルリーフ） | 2.5～3g | 熱湯 | 2～3分 | 1～2回 |
| | 小さい茶葉<br>（ブロークン、CTC等） | 2.5～3g | 熱湯 | 1～2分 | 1～2回 |
| | ダージリン<br>春摘み | 3～3.5g | 85～95℃ | 2～2.5分 | 1～2回 |
| | セイロン・ウバ | 2.5～3g | 熱湯 | 45秒～1.5分 | 1～2回 |
| プーアル茶（黒茶） | | 5～6g | 熱湯 | 45秒～1分 | 4～5回 |
| 中国緑茶・白茶・黄茶 | | 5～6g | 85～90℃ | 1～1.5分 | 3～4回 |
| 烏龍茶 | 大きめの茶葉 | 5g | 熱湯 | 45秒～1分 | 2～3回 |
| | 丸まった茶葉 | 6g | 熱湯 | 45秒～1分 | 4～5回 |
| 日本茶 | 煎茶 | 4～5g | 70～75℃ | 1.5～2分 | 1～2回 |
| | 深蒸し煎茶 | 4～5g | 75～80℃ | 45秒～1分 | 1～2回 |
| | 釜炒り煎茶 | 4～5g | 85～90℃ | 1～1.5分 | 1～2回 |
| | 玉露 | 8～10g | 55～60℃ | 2～2.5分 | 2～3回 |
| | ほうじ茶・<br>玄米茶 | 3～4g | 熱湯 | 30秒～1分 | 1～2回 |
| フレーバード<br>ティー | 紅茶ベース | 2.5～3g | 熱湯 | 2.5～3分 | 1～2回 |
| | 緑茶・<br>烏龍茶ベース | 2.5～3g | 熱湯 | 1.5～2分 | 1～2回 |
| ルイボス＆ハニーブッシュ、<br>ハーブブレンド（p.194～） | | 2.5～3g | 熱湯 | 3～5分 | 1～2回 |
| マテ茶（p.197） | | 2.5～3g | 75～85℃ | 3～5分 | 1～2回 |
| オルヅォ（p.197） | | 2～3g | 熱湯 | 3～5分 | 1～2回 |

※目安のいれ方です。お好みに合わせて茶葉の量や浸出時間を調整してください。
※日本茶や中国緑茶・白茶は、お湯の温度によって味わいが異なります。より香りを引き出したいときには
　高めの温度で、甘味や旨味を引き出すにはやや低めにしてお試しください。

# 茶葉の保存法

せっかくのおいしいお茶も保存方法をまちがえると台無し。基本をチェック！

## 茶葉はデリケート、早く飲みきることが大事

茶葉は湿気や温度、酸素、光の影響を受けやすく、周囲のにおいを吸収しやすいとてもデリケートな食品。保存状態が悪ければ、味も香りも損なわれてしまうので、開封したら早めに飲みきりましょう。やむを得ず保存するときは空気を抜いて密閉し、さらに密閉保存袋に入れて冷暗所へ。大量にある場合は、飲みきれる分ずつ小分けにするといいでしょう。

冷蔵庫で保管すると、温度差による結露で湿気てしまいます。またにおいも移りやすいので避けましょう。ただし、結露を防ぐために窒素充填（じゅうてん）などが施されている場合は、未開封なら冷凍庫で中長期保存が可能です。いずれにしても、もったいないからとしまい込んでしまわずに、いいお茶こそおいしいうちに飲みましょう。

### NG におい

茶葉にはにおいを吸収する特性があり、フルーツやスパイスなど香りの強いものが近くにあると、たちまち吸収。せっかくの香りを損ないます。

### NG 熱

高温の場所で保管しておくと、茶葉の味や香りの成分が破壊されます。直射日光が当たる場所や、コンロの近く、冷蔵庫や電子レンジなどの家電の上も避けましょう。

### NG 湿気

茶葉は乾燥しているため、スポンジのように水分を吸収してしまいます。じめじめと湿気の多い場所におくとすぐに味を損います。最悪、カビがはえてしまうことも。

これが大切！

( 早く飲みきる )

( 密閉容器に入れて保存する )　( 涼しいところで保存する )

# お茶のいれ方 Q&A

おいしいお茶をいれるための、よくある疑問をまとめました。

## Q 急須やティーポットはお茶ごとに買いそろえないといけないの？

### A 万能なタイプなら1つでもOK

急須は日本茶専用と思われがちですが、烏龍茶や紅茶でも手軽に使うことができます。素焼きの陶器は香りが移る場合があるので、併用する場合は磁器がおすすめ。

使い勝手がいいのは、適度な丸みがあり、取っ手が横についていて、片手でふたを押さえられるくらいの大きさのもの。容量は使用用途に合わせて選びましょう。2杯分なら150〜220mlが目安です。また、ふたと本体にすき

まがないかの確認も忘れずに。すきまがあると、蒸らしや湯の温度に影響が出てしまいます。

茶器をテーマにした百貨店やギャラリーなどを巡るのも、お茶の楽しみのひとつ。大事にすれば10〜20年間使えるものなので、ちょっぴり高額でもお気に入りのものを購入したほうが、長い目で見ると買い替えなどの必要もなくお得です。

チェックポイント

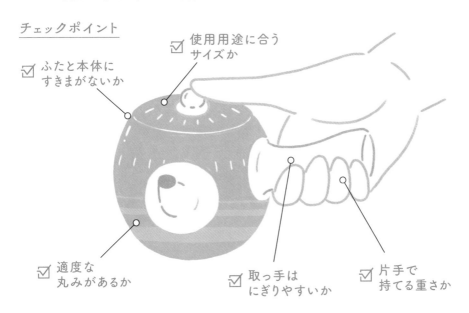

- ☑ ふたと本体にすきまがないか
- ☑ 使用用途に合うサイズか
- ☑ 適度な丸みがあるか
- ☑ 取っ手はにぎりやすいか
- ☑ 片手で持てる重さか

## お茶をおいしくいれる特別なテクニックが知りたいです。

**A** テクニックよりも「はかる」ことが大事。

　大切なのは、適正な茶葉の量、適正な蒸らし時間をきちんとはかること。それだけでいつもの味がグレードアップします。スプーン1杯には、2.5〜3g茶葉が入りますが、茶葉の種類により分量が変わるため、基本的にはクッキングスケールなどでその都度計量することをおすすめします。また、急須や茶碗、ティーカップ、マグカップなど、日常的に使っているもののサイズや容量がわかっていれば、目分量でもいれられるようになります。

**急須** 容量：約220ml
※手のひらにおさまるサイズ

**スプーン** 1杯2.5〜3g

横3〜3.5cm
縦4.5〜5cm

**茶碗** 容量：約110ml
※両手で包み込めるサイズ

**ティーポット** 容量：約500ml
※高さ約18cmのもの

**ティーカップ** 容量：約110ml
※高さ5〜6cmのもの

**マグカップ** 容量：約300ml
※一般的なサイズ

# Q　適温ってどうやってつくるの?

# A 器に入れかえて温度を調節していくとよいです。

　沸騰し立ての100℃の湯をカップに注ぐと、それだけで約10℃下がります。そのまま1〜2分おくと、約5℃下がります。この法則を覚えておけば、いちいち温度計を使わなくても、さまざまな茶葉の適温を簡単につくることができます。

※季節や茶器の材質によっても変わるため、
温度の数値はあくまでも目安です。

100℃

1〜2分

85℃

さらに
−5℃

注ぐ

注ぐ

90℃　−10℃

75℃

さらに
−10℃

### お助けコラム

## 入れかえる器が
## ないときは?

急須やポットに大さじ1杯（15ml）の水を入れ、そこに熱湯150mlを注ぐと約80℃になります。例えば、煎茶をいれるならこれで1〜2分おけば、75℃の適温に。急いでいるときや非常時の対応として、覚えておいてもよいでしょう。

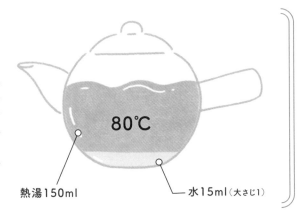

80℃

熱湯150ml

水15ml（大さじ1）

# Q 2煎目以降も
おいしく飲むにはどうしたらいいの？

## A 急須のお茶を残さず注ぎきりましょう。

ほとんどのお茶は、何煎かおいしく飲むことができます。ポイントは、必ず最後の一滴まで注ぎきること。湯が残っていると成分が抽出され続け、風味が落ちてしまうからです。もし、1煎目をいれたときに茶葉が茶こし部分に詰まっていたら、この目詰まりをとっておくのもコツ。急須をポンポンとたたけば、その反動で下に落ちます。また、ティーバッグの場合は、茶器やティーバッグが冷めないうちに2煎目をいれましょう。

### 紅茶のゴールデンドロップって？

カップや茶碗に注ぐときの、最後の一滴のこと。2煎目をおいしくいれるためだけではありません。この一滴には味が凝縮されているため、1煎目にもこれがあるかないかでは大ちがい。よりいっそうおいしくいただけます。

# Q 一度いれたお茶を温め直してもいい？

## A 飲めますが、味は落ちます。

温め直すと、せっかくの香りが飛んでしまいます。また、お茶に含まれる成分であるタンニンにより渋味が残ります。飲めないことはありませんが、むしろ冷めたまま飲んだほうが美味。また、ティーコジーなどで冷めない工夫をしましょう。

# Q 大人数にお茶をいれるとき、ばらつきが出ちゃう…。

## A ちょっとずつを一往復がコツです。

大人数にいれる場合は、大きな土瓶があると便利です。4人以上の来客がよくある場合は、用意しておきましょう。ポイントは茶葉の量を90％ほどにすること。注ぐのに時間がかかる

ので、湯に長く浸っている分、味が濃くなるからです。大切なのは、濃度や味にムラが出ないように、均一に注ぐことです。器を並べ、下のような順に小分けして注ぐのがコツです。

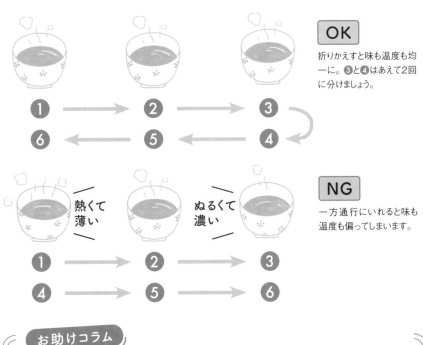

**OK**

折りかえすと味も温度も均一に。❸と❹はあえて2回に分けましょう。

**NG**

一方通行にいれると味も温度も偏ってしまいます。

熱くて薄い　ぬるくて濃い

### お助けコラム

#### 大人数に出すのに、小さな急須しかないときは？

2人用の急須で4人分など、2倍量までならいれることが可能です。変更するのは茶葉の量を、およそ1.5倍にすることだけ。湯の量、蒸らし時間は変えません。あとは上記の要領で均等に注ぎ、仕上げにさし湯をして濃度を調整すればOK。

# お茶のいれ方

いれ方の基本を押さえたところで、次にそれぞれのお茶のいれ方を紹介します。

## 日本茶/煎茶

高温でいれるとせっかくの色素が破壊され、雑味も出てしまいます。新茶の深蒸し煎茶などは高温でもおいしく飲めますが、70〜75℃の低温でいれるのがおすすめです。

---

**材料とレシピ（150ml 分）**

 お湯
70〜75℃※

 茶葉
4〜5g

 浸出時間
1.5〜2分

※熱湯を冷ましたあとの茶葉を蒸らすのに適した温度

## Step 1 湯を茶碗に入れる

まず、急須から茶碗に熱湯を注ぎます。これで急須と茶碗を温めることができ、湯の温度は約90℃に。茶碗に注ぐことで適量もわかります。

## Step 2 急須に茶葉を入れる

急須に残った余分な湯を捨て、茶葉を入れます。
量はスプーン2杯（4〜5g）が目安。

> **Point**
> **深蒸し茶には
> 目の細かい茶こしが
> おすすめ**
>
> 蒸し時間が長く、茶葉の繊維が壊れやすい深蒸し茶。茶こしの目が粗いと詰まりやすいので、目の細かい茶こしがついた急須を使いましょう。

# 茶碗の湯を急須に注ぐ

茶碗に入れて温度が5〜10℃下がった湯を急須に注ぎます。これで湯の温度は煎茶に適した70〜75℃になります。ふたをして1.5〜2分蒸らします。

## 釜炒り茶の場合

釜炒り茶の適温は85〜90℃なので、急須と茶碗に湯を入れ温めたあと、急須の湯をいったん捨てます。その後は、煎茶のStep❷〜❸と同様です。食事中に飲むお茶として香ばしくさっぱりした味にしたいときは、熱湯でもOK。

## ほうじ茶・玄米茶の場合

香ばしさを引き出すため、紅茶や烏龍茶と同じように熱湯が適温。茶葉を入れた急須に熱湯を直接注ぎ、30秒〜1分ほど蒸らしてから茶碗に注ぎましょう。

Step ❷へ

Step ❹へ

## Step 4 何度かに分けて注ぐ

1回で注ぐより、小分けにしたほうがお茶の味がしっかり出ます。また、均一の味になるように、茶碗は交互に注ぎましょう。

**( Point )**

**お湯は最後まで注ぎきる**

お茶は最後の一滴まで注ぎきりましょう。湯が残っていると成分が抽出されて風味が落ちるので、2煎目もおいしくいただくためにも重要なポイントです。

### 粉茶をいれるときは茶こしで

粉茶とは煎茶や玉露の製造工程でできる細かく砕かれたお茶。濃厚な渋味とコクで口の中がすっきりするため、お寿司屋さんでおなじみになりました。いれ方はいたって簡単で、茶こしに入れてお湯を注ぐだけ。お茶の成分が一気に出るので1煎ごとに交換しましょう。

大きめの茶碗に直接茶こしをのせ、スプーン1杯分の粉茶を入れ、熱湯を注ぎます。粉茶にまんべんなくお湯があたるように、茶こしを細かく動かすのがコツ。

### もっと楽しむ活用術

## 古いお茶はほうじ茶に

風味が落ちたお茶は、炒って自家製ほうじ茶に！
香ばしくおいしいお茶として活用できます。

600Wで45秒をくり返しましょう

茶葉を耐熱レンジ皿に薄く広げ、電子レンジ（600W）で45秒を2〜3回加熱します。様子を見て加熱が足りなそうであれば再度45秒以内の短い秒数で加熱します。1分以上連続して加熱すると炭化または発火してしまうので避けましょう。

## 日本茶／玉露

玉露のとろりとした甘味と旨味を引き出すのが、55〜60℃に冷ましたお湯。
湯を冷ますための容器を用意しておくのがおすすめです。
茶葉をたっぷり入れるのもポイントです。

┌─ **材料とレシピ**（150ml）─────────────

 **お湯** ※
　　　55〜60℃

 **茶葉**
　　　8〜10g

 **浸出時間**
　　　2〜2.5分

※熱湯を冷ましたあとの茶葉を蒸らすのに適した温度

## Step 1 湯を適温にする

湯冷ましの容器は
茶碗や小鉢など
でもOK

急須に熱湯を入れ（1）、その湯を湯冷ましの容器に注ぎます（2）。これを茶碗に注ぎ（3）、そのまま1～2分おくことで55～60℃の適温になります。

1、2、3の順に
湯を入れます。

## Step 2 急須に茶葉を入れる

急須に茶葉を入れます。量は150mlに対し、8～10gが目安。

## 急須に湯を注ぐ

適温になった茶碗の湯を急須に戻し、ふたをして2〜2.5分間蒸らします。

## 急須から湯冷ましに注ぐ

急須から湯冷ましの容器に注ぎます。お茶のおいしさが凝縮している最後の一滴まで注ぎきりましょう。

## 茶碗に注ぐ

交互に注がなくてもOK

茶碗に注ぎます。同様に2煎目を飲んだあと、3煎目は80℃以上の湯（熱湯もOK）で抽出すると、香ばしさやほろ苦さが出て、玉露のもうひとつの魅力であるキリッとした味も楽しめます。

## 日本茶/ 抹茶（薄茶）

敷居が高いイメージがある抹茶ですが、じつは茶碗と茶筅さえあれば簡単。茶筅を動かすコツを、押さえておきましょう。

---

**材料とレシピ（1人分）**

 お湯
約80℃、50ml

 茶葉
茶杓1杯半（約1g）

---

 **Step 1**

### 茶筅通しをする

乾燥している茶筅を湯にくぐらせてしなやかにするため、茶碗に熱湯（レシピ外）を注ぎ、茶筅をさし入れ、茶碗の底に軽く押しつけるようにして動かします。

丸くなった茶筅の先を軽く押しつけながら前後に動かします。

---

 **Step 2**

### お湯を捨てて抹茶を入れる

茶碗の湯をいったん捨て、抹茶を入れます。量はスプーンにすりきり1杯（約1g）。茶杓がある場合は1杓半が目安です。

## Step 3

## お茶をたてる

80 ℃に冷ました湯（p.151）
50mlを静かに注ぎます。茶筅を
すばやく動かし、きめの細かい泡
ができるまで抹茶を泡立てます。
この作業を「たてる」といいます。

茶筅は前後に
すばやく動かすのが
コツです

## Step 4

## 「の」の字を書いて混ぜる

泡が均一になったら「の」の字を
描くように茶筅を動かし、クリーミ
ーな泡に仕上げます。

泡をつぶさないように、
茶筅は茶碗の
中心からすっと持ち上げて
取り出します。

## 知っておきたい
# 【 日本茶の選び方 】

新しいものほどおいしいとされる日本茶は、鮮度にこだわって選びましょう。
産地による個性を知れば、選ぶ楽しみも広がります。

## どこで買う?

日本茶はさまざまなところで入手できます。スーパーは手頃な価格で全国のお茶が手に入るのが利点。専門店は知識が豊富なスタッフが多く、なんといっても相談できるのが魅力。好みのお茶を見つけたい場合はベストです。試飲できる点で日本茶カフェもおすすめ。

また、好みがわかっているならネットショップが便利です。全国の希少品を検索する楽しみもあります。

## どうやって選ぶ?

日本茶は新しいものがいいので、まず、製造年月日、賞味期限を確認しましょう。新茶の季節なら、1年で最もおいしいとされる新茶を。4月〜5月、地域によっては秋にも新茶が出回ります。産地によって個性があるので、知識や好みがある場合は産地も確認しましょう。茶葉が確認できる場合なら、高級煎茶や玉露は葉がピンとしているものが上質。また、飲みきれる分量だけ買うのもポイントです。

## チェックポイント

☑ **賞味期限** ……………… 日本茶は鮮度が大切です。賞味期限にゆとりがあるものを選びましょう。

☑ **飲みきれる量か** …………… 保存している間に古くなっては台無し。飲みきれる量かどうか、確認することも大切です。

☑ **産地はどこか** …………… 味や香りなど、産地によってさまざまな個性があります。気分や好みで選んでください。

☑ **新茶かどうか** …………… 新茶は1年でいちばん旨味が強く、美味です。シーズンであれば必ずチェックしましょう。

# 茶殻を使ってエコライフ

お茶をいれたあとに残る茶殻には、有効成分がまだ残っています。
役立つ作用がたくさんあるので、捨てずに活用しましょう。

## 茶殻は食べられる

　茶殻には、カテキンや抗酸化ビタミンなど、老化や生活習慣病予防で注目される成分が含まれるので、健康食材としても魅力的。食材としてもおいしくいただけます。また、においを吸収する特性があるため消臭剤にもなり、酸化防止や殺菌作用もあるので、掃除にもひと役買ってくれます。さらに、入浴剤にもなるなどいいことずくめ。捨てるのはもったいないエコな素材です。乾燥させるときは電子レンジが便利です。

### 料理に

主に玉露など、良質な緑茶の茶殻は、そのまま酢やだしをかけて酢の物やおひたしに。また、佃煮や白あえにしたり、サラダやチャーハン、ひき肉料理に混ぜてもおいしくいただけます。さまざまなお茶の茶殻を使ってみたい場合は、実際に調理して試してみましょう。

### 入浴時に

お茶パックに入れて入浴剤に。美肌や殺菌、リラックス効果が期待できます。ただし、浴槽に色がつくので、使ったあとはすぐに洗い流しましょう。

### 掃除の際に

茶殻をまいてほうきではけば、ホコリとりに。半乾燥させてから布巾で包んで床や柱をふくとツヤツヤに。酸化防止作用があるので鉄鍋などのサビ防止にも使えます。

### 消臭剤に

においを吸収するという特性を活かし、乾燥させてから収納スペースに置いておけば消臭剤として活用できます。魚料理の臭み消しにも活用できます。

## 工夫茶器（急須）でいれる方法

中国茶の本格的な茶器、工夫茶器でいれるとぐっと雰囲気が出ます。

一見手間がかかりそうですが、おいしくいただくためのとても合理的なシステムです。

基本的にはこのいれ方で烏龍茶のほか、緑茶、白茶、プーアル茶など

中国茶全般をおいしくいただけます。

--- 材料とレシピ（150ml分）---

 お湯
熱湯

 茶葉
5〜6g

 浸出時間
45秒〜1分

## Step 1
## 茶壺に湯を注ぐ

沸騰した湯を用意します。
茶壺に注ぎ、茶壺をしっか
り温めておきます。

## Step 2
## 茶壺の湯を茶海へ移す

次に茶壺の湯を茶海に移
し、茶海もしっかり温めて
おきます。

## Step 3
## 茶海の湯を茶杯へ移す

続いて茶海の湯を茶杯に移します。
お茶を注ぐ直前まで、このまま茶杯
を温めておきます。

烏龍茶は熱湯で
いれるので、湯は戻さずに
捨てましょう。

第5章 おいしいお茶をいれよう　烏龍茶・中国茶

167

## Step 4　茶葉を入れる

茶壺に茶葉を入れます。丸まった茶葉は2人分で5g、茶壺の底が軽く隠れるくらいが適量です。

底に敷き詰める
イメージで

## Step 5　湯を注ぐ

沸騰した湯をあふれるほどたっぷりと注ぎます。あふれさせることで泡になって浮いてきたアクやホコリを取り除くことにもなります。

あふれるくらい
たっぷりと

## Step 6 　茶壺に湯をかけて蒸らす

上から熱湯をかけて茶壺を温め、そのまま45秒〜1分間蒸らします。熱で茶壺の中の空気が膨張し、注ぎ口の湯がぷくっと膨らみます。

## Step 7 　茶海に注ぐ

味を均一にするため、まずはお茶を茶海に注ぎます。酸素と触れることでおいしくなるため、高いところから注ぐのがポイント。2煎目以降のために、最後まで注ぎきります。

茶壺を茶海にのせると、最後までしっかり注ぎることができます。

## Step 8 茶海から茶杯へ注ぐ

茶海に注いだお茶を、茶杯に注ぎ分けます。茶海が熱くなっている場合があるので、やけどに注意。上のほうをそっと持ちましょう。

## Step 9 茶杯のお茶を味わい2煎目へ

1煎目を味わったら、2煎目へ。2煎目は抽出時間を10秒ほど短くし、3煎目以降は逆に10秒ずつ増やしていくと、3〜5煎は楽しむことができます。

烏龍茶は香りを楽しむお茶。味わいとともに香りをしっかりかぎながら、煎を重ねていきましょう。

## 煎を重ねて楽しむ

「包揉」という特有の工程（p.102）により、小さく丸まった茶葉になる烏龍茶。その中にはお茶のエキスが凝縮しています。お湯を注いでも、1煎目で葉が一気に開くわけではありません。少しずつ茶葉がほどけていくため、注ぐたびに抽出加減が変わるのです。つまり、煎を重ねるごとに変化する香りと味わいが楽しめるのが、烏龍茶の魅力です。どんどん開いてもとの葉の形になっていく様子を眺めるのも一興です。

### 【 煎を重ねると茶葉が開いていく 】

浸出前の茶葉

3煎目

1煎目

5煎目

浸出後の茶殻

※写真は高山茶の茶葉でいれた場合の一例です。

## 香りを楽しむ

### 聞香杯
もんこうはい

烏龍茶は「聞香杯」という香りをかぐための専用の茶碗を使う、楽しみ方もあります。

時間が経つにつれ、より甘い香りが際立つことも。

いれたお茶は一度聞香杯に注いでから茶碗に移し、その残り香をかぎます。

## 烏龍茶・中国茶

### 蓋碗でいれる方法

蓋碗とはふたと受け皿がついた中国茶独特の茶器。

急須としても茶碗としても使えます。熱いので、必要に応じて布巾を使いましょう。

基本的にはこのいれ方で烏龍茶のほか、緑茶、白茶、プーアル茶など

中国茶全般をおいしくいただけます。

┌─ 材料とレシピ（150ml 分）─────────────────

 お湯　　　　 茶葉　　　　 浸出時間
　　　熱湯　　　　　　　　5〜6g　　　　　　　　45秒〜1分

## Step 1 蓋碗を温める

沸騰した湯を用意します。蓋碗に注ぎ、蓋碗をしっかり温めます。茶杯も同様に温めておきましょう。

## Step 2 湯を捨てる

蓋碗と茶杯が温まったら湯を捨てます。水盂（すいう）など、湯を捨てるための器を用意しておくと便利です。

## Step 3 茶葉と湯を入れる

蓋碗に茶葉を入れ、湯を7〜8分目まで注ぎます。茶葉の量は、丸まった茶葉の場合は1人分で5gが目安です。

茶葉は蓋碗の底が軽く隠れるくらいが適量

## ふたをして蒸らす

蓋碗のふたをのせ、そのまま45秒〜1分ほどおいて蒸らします。

## 茶杯に注ぐ

蓋碗のふたを少しずらし、茶葉が出ないようにふたで押さえながら茶杯に注ぎます。
人差し指でふたを押さえ、親指と中指、薬指で挟むようにして持ちましょう。

蓋碗を
茶碗代わりに
使ってもOK

蓋碗は蒸らしたあと、そのまま茶碗と
して使うこともできます。飲み方は
簡単。ふたをずらし、あいたところに
口をつけお茶の上澄みを飲みます。
ふたを少しだけ向こう側にずらすと、
茶葉が口の中に入りにくくなります。
お茶をつぎ足して何杯でも楽しむこ
とができます。

## 中国緑茶

### グラスやマグカップでいれる方法

中国で最も飲まれているのが、釜で炒った中国緑茶です。
中国の茶道の世界では道具を使っていれますが、
一般的にはマグカップやグラス、ふたのついた瓶で飲まれています。
ジャスミン茶（茉莉花茶）も同様にいれられます。

---

**材料とレシピ（150ml分）**

 **お湯**
85～90℃

 **茶葉**
5～6g

 **浸出時間**
1～1.5分

---

※茶葉分量は目安です。上記をいれて、湯を継ぎ足した量で風味を調整してください。

 **Step 1 グラスやカップを温める**
耐熱グラスやマグカップに湯を入れて温めたら、一度湯を捨てます。

 **Step 2 茶葉を入れて蒸らす**
茶葉を入れてから湯を注ぎ、小皿などでふたをして蒸らしながら、茶葉が沈むのを待ちます。

 **Step 3 上澄みを飲む**
茶葉が沈んだら上澄みを飲み、湯が足りなくなったり味が濃くなったりしたら湯を足します。緑茶なら3～4煎、楽しめます。

茶葉が沈むのを
待ちます

## 工芸茶

花が開く様子を目で見て楽しむ工芸茶は、耐熱ガラスを使います。
ここでは耐熱グラスを使った1人分のいれ方を紹介します。
2人分をいれるときは、ガラスポットにいれて注ぎ分けます。

材料とレシピ（1人分）

 お湯
熱湯

 茶葉
1個

 浸出時間
2～3分

### Step 1　温めたグラスに湯を注ぐ

工芸茶が
ひっくり返らない
ように静かに注ぎましょう。

耐熱カップに熱湯を注いで温め、湯を
捨てて工芸茶を入れます。工芸茶は
花形のつけ根が下にくるように入れる
のがポイント。熱湯を静かに注ぎます。

### Step 2　蓋をして蒸らす

花が開いていく
変化を楽しみながら
少しずつ飲みましょう。

小皿やラップなどでふたをして2～3分
蒸らすと、花が少しずつ開いてきます。
浸しておくと濃くなるので、湯を足して2
～3煎以上飲むことが可能。飲みきる
前に湯を足すのがコツです。

知っておきたい

# 【 中国茶の選び方 】

とにかく種類が多い中国茶は、好みの茶葉を見つけるのが大変。
失敗しないために、選び方のコツをしっかり確認しましょう。

## どこで買う？

　種類が幅広く、香りと味わい、価格も千差万別。数も多く品質も玉石混合です。とくに、ヴィンテージ品もある黒茶は偽物に注意。そのため、慣れないうちは中国茶専門店がおすすめです。試飲できるお店が多いので、実際に飲んで味のちがいを納得したうえで、購入しましょう。試飲する際は、なるべく上級茶を味わうのが経験値を上げる意味でもおすすめです。好みの茶葉が見つかり、見分け方もわかってきたらネットショップが便利です。

## どうやって選ぶ？

　種類ごとの特性を知ったうえで、飲んでみるのがいちばん。国内外の多くの専門店では、依頼があれば購入前に無料で試飲させてくれます。気になった茶葉があれば、事前に問い合わせて確認してから行ってみましょう。香り、味のちがいが明確になり、好みの茶葉が見つかるはずです。また、茶葉のつや、香りを確認するのもポイント。さらに、いれたあとの茶葉を広げてみて1枚の葉になれば良質の証。逆に、欠けているものやパラパラと崩れるのものは要注意です。

## チェックポイント

☑ **茶殻がきれいか**　　試飲後、柔らかくなった茶葉を広げてみましょう。1枚の葉になればOK。

☑ **香りのよさ**　　良質な茶葉だと、湯を注いだ瞬間に香りが広がります。その瞬間を見逃さないで。

☑ **茶葉の形やつや**　　茶葉の大きさや形がそろっているか、つやがあるかを確認しつつ、香りもチェック。

## 紅茶

沸騰したての熱湯を注いで蒸らす――。これはどの種類の紅茶であっても同じ。
茶葉の量と蒸らし時間が決め手になります。
まずは基本の紅茶（ストレートティー）のいれ方をマスターしましょう。

┌─ 材料とレシピ（150ml）─────────────────┐

 お湯
**熱湯**

 茶葉
2.5〜3g

 浸出時間
2〜3分（フルリーフ）
1〜2分（ブロークン、CTC）

## 茶器を温める

沸騰した湯を用意します。ティーポットに注いで温めます。これが味を決めるポイント。さらにカップに注ぎ、カップはお茶を注ぐ直前までそのまま温めておきましょう。

## 茶葉と湯を入れる

ポットに人数分の茶葉を入れます。2人分で2.5〜3gが目安。沸騰したての湯適量を勢いよく注ぎます。

茶葉が上下に動くことで香り成分がしっかり開き、香りがよくなります。

## Step 3 ふたをして蒸らす

ポットにふたをし、蒸らします。時間は大きな葉は2〜3分、小さな葉は1〜2分が目安です。

## Step 4 味見をしカップに注ぐ

蒸し終わる1分〜30秒前に、ふたをとってスプーンでかきまぜてから味見をします。もう少しかな?　と思うくらいがいい頃合い。カップに注ぎきりましょう。味が薄いときは蒸し時間を少し長くして。

発酵度が低くみずみずしい爽やかな香り立ちが特徴の春摘みのダージリンはきりっとした渋味があり、水色も青々しく緑茶のよう。紅茶は基本に熱湯でいれ、茶器を温めてから茶葉の芳香成分を抽出しますが、春摘みは85〜95℃の湯が適温です。

## 紅茶/レモンティー

### ティーポットでいれる方法

心地よい酸味と渋味が溶け合うレモンティーは、紅茶を抽出してからレモン汁を加えます。好みでグラニュー糖2〜3gを加えても。

材料とレシピ（150ml分）

 **お湯**
熱湯

 **茶葉**
2.5〜3g

 **浸出時間**
2〜3分

おすすめの
茶葉

 ニルギリ　 キャンディ　 フルーツ系の
フレーバードティー
など

 **Step 1** 紅茶を抽出する

ポットに分量の茶葉を入れ、湯を注いで2〜3分抽出します。

 **Step 2** レモン汁を加える

レモンの搾り汁1.5mlを加え、カップに注ぎます。

 **Step 3** レモンの皮で
香りづける

紅茶の中に皮を入れっぱなしにすると、紅茶中のタンニンなどと成分が結合し、苦味が出やすくなります。そのため、基本的には仕上げとしてカップの上でレモンの皮を軽くしぼるのがおすすめ。

※農薬が気になる方は無農薬の果実をお選びください。

### 水出しでいれる方法

飲み心地も見た目にも透明感のあるアイスレモンティーは、春から夏にかけての季節がおすすめ。冷蔵室でひと晩かけて抽出します。好みでガムシロップを加えても。

 **Step 1** 紅茶を抽出する

ポットに分量の水と茶葉を加え、冷蔵室にひと晩（8〜10時間）おき、茶葉を取り出します。

 **Step 2** レモン汁を加える

輪切りのレモンと氷を入れたグラスに注ぎ、仕上げにレモンの搾り汁1.5mlを加えてかき混ぜます。

## 紅茶/ミルクティー

おいしくいれるコツは、茶葉を多めにしていつもより長く蒸らし、ポットとカップをしっかり温めること。また、ミルクに負けない味わいの強い茶葉を選びましょう。

### 材料とレシピ（150ml分）

 お湯
**熱湯**

 茶葉
2.5〜3g

 浸出時間
2分を目安にやや長めに

 アッサム

ケニア　　ルフナ

などCTCや細かい茶葉のブロークンタイプがおすすめ

### Step 1 茶器を温める

基本のいれ方（p.178）を参考にし、ポットとカップを温めます。

### Step 2 濃いめにいれる

ポットの湯を捨て、ストレートティーより茶葉を多めに入れ、ミルクの分量を配慮してやや少なめの熱湯を注いで2分を目安に蒸らします。やや長めに、濃く出るようにします。

### Step 3 ミルクを入れる

カップに注ぎ、ミルクを加えます。ミルクの量は1杯の紅茶に20mlが適量ですが、たっぷり加えるときは、ミルクは常温に戻しておきましょう。

# いろいろなミルクティーの楽しみ方

ミルクが合うのは紅茶だけではありません。ミルクティーの楽しみ方は無限にあります。

緑茶のミルクティーはすっきりした透明感のある飲み口に！　歴史は古く、明治時代のアメリカでは定番だったようです。深蒸し茶やほうじ茶、抹茶にもよく合いますが、じつは、烏龍茶にもぴったり。少量を加えると、驚くほど上品な香りになります。ローズヒップのような酸味があるもの以外はほぼ合うので、試してみて。

### ミルク ✦ 抹茶

コクのある抹茶には、乳脂肪分の高いコクのあるミルクがマッチ。さらに練乳やエバミルクをブレンドすると、味に深みが増します。味見をしながら、量を調整しましょう。

### ミルク ✦ 深蒸し茶・ほうじ茶

焙煎香がミルクとよく合い、和み系のミルクティーに。ミルクはあとから加えてもおいしいですが、ミルクに茶葉を入れてじっくり煮出すのもおすすめ。アイスティーにも向いています。

### ミルク ✦ 烏龍茶

青みのある烏龍茶には、乳脂肪分が低いさらっとしたミルクか植物性の豆乳。香りの強い烏龍茶には抹茶と同じくコクのあるミルクを合わせると、香りが上品になります。

### ミルク ✦ ジャスミン茶

繊細な香りのジャスミンティーには、さっぱりしたミルクを。花の香りとまろやかさが相まって、疲れを癒やしてくれるお茶に。真夏にアイスティーでいただくのがおすすめ。

### ミルク ✦ ルイボス茶・ハーブティー

ルイボスティーの産地、南アフリカでは、ミルクとはちみつを加えてミルクティーにするのが定番の飲み方。まろやかな味が人気です。ミルクを豆乳に代え、さっぱりいただいても美味。

## ミルクや砂糖のチョイスでさらに楽しみ方が広がる

ミルクや砂糖にもさまざまな種類があり、コクも風味も多彩。お茶と掛け合わせれば、バリエーションは無限に広がります。焙煎香が強い烏龍茶には乳脂肪分が高いコクのあるミルクに黒砂糖、あるいは繊細な緑茶には、豆乳や白砂糖など、お茶の風味に合わせてセレクトすればまちがいはありません。お気に入りを探してみましょう。

## 紅茶／濃厚ミルクティー

ミルクの甘味とコク、紅茶の香りとコクが溶け合う、とても贅沢で濃厚なミルクティー。
濃いめに抽出した紅茶とミルクを1：1の割合で注ぐのがポイントです。

---

**材料とレシピ（カップ2杯分・300ml分** ※つくりやすい分量**）**

 **お湯**
熱湯

 **茶葉**
6〜9g

 **浸出時間**
3分を目安に
お好みで
時間を調整する

**おすすめの茶葉**
基本的にはp.182のミルクティーと同様。その他スパイス系のフレーバードティーも相性◎。

---

 ### 茶器を温める
基本のいれ方（p.178）を参考にし、
ポットとカップを温めます。

 ### お茶を蒸らす
ポットに通常の2.5倍の茶葉（6〜
9g）を入れ、熱湯150mlを注ぎ、長
め（3分程度）に抽出します。

 ### ミルクを温める
耐熱容器にミルク150mlを入れ、
電子レンジ（600W）で1分加熱し
て温めます。ミルクを沸騰させないよ
うに注意して。

 ### ミルクと紅茶を注ぐ
ミルクと抽出した紅茶を1：1でカッ
プに注ぎます。好みで砂糖を加えて
も美味。

## 紅茶／マサラチャイ

マサラチャイとは、スパイスを加えて煮出したインド発のミルクティー。煮出し続けることで、お茶とスパイスの成分と香りを十分に引き出します。

--- 材料とレシピ ---
（カップ2杯分・300ml分
※つくりやすい分量）

 **お湯**
**熱湯**

 **茶葉**
8〜10g

**おすすめの茶葉**
基本的にはp.182のミルクティーと同様。

**Step 1**

## お茶とスパイスを煮出す

鍋に湯を沸かし、茶葉とスパイスを加えて弱火で2分煮出します。スパイスはシナモン、カルダモン、ジンジャー、スターアニス、黒こしょう、ターメリックが一般的。

**Step 2**

## ミルクを加える

ミルク150mlを加え、温度が下がったところで強火にします。沸騰したら再び弱火にし、ふきこぼれないように注意しながら3分煮出します。一緒にはちみつを加えると、さらに風味がアップします。

**Step 3**

## こしながら注ぐ

茶こしで茶葉とスパイスをこしながら、カップに注ぎます。

# 【 紅茶の選び方 】

リーズナブルなものから高級品まで、世界中の紅茶が手に入る今。
まずはお気に入りの種類を見つけることから始めましょう。

## どこで買う？

　リーズナブルな定番ブランドならスーパー。
いろいろな種類の茶葉を試したいときは紅茶
専門店。紅茶のことを熟知したスタッフに相
談できる利点があります。好みのブランドが
決まっている場合は、店舗数は限られますが、
直営店もおすすめです。また、さまざまなブ
ランドから選びたいときは、デパートや輸入
雑貨店が便利。知識があれば、ネットショッ
プも活用できます。紅茶も鮮度が大切なので、
回転のいいお店を選ぶことも大切です。

## どうやって選ぶ？

　まず、グレード（p.120）と産地をチェック。
とくに旬のお茶などは、電話などで確認の上、
試飲できる店舗での購入がベストです。お気
に入りの茶葉が決まったら、賞味期限が長い
ものを選びます。また、保存しておくと鮮度が
落ちてしまうので、飲みきれる量を選ぶことも

大切。とくに初めて試す紅茶は、少量のほう
が安全。気に入ってから改めて買い足しましょ
う。また、緑茶に新茶があるように、紅茶に
もシーズンがあります。茶葉と産地のシーズン
を確認し、季節に合わせて選びましょう。

## チェックポイント

☑ **飲みきれる量か** ……………… 開封すると鮮度が落ちていくので、無理なく飲みきれる量にします。

☑ **茶葉のグレード** ……………… 好みのグレードかどうか確認しましょう。

☑ **採れる時期はいつか** ……………… 緑茶と同様、シーズンの紅茶は美味。買う季節に合わせて選びましょう。

## 緑茶・烏龍茶・紅茶

### ティーバッグを使っていれる方法

手軽な分、味や香りがいまいちと思われがちなティーバッグですが、いれ方次第。
しっかり蒸らせば成分がしっかり抽出されます。
基本的に湯量、温度、時間などは、パッケージに従いましょう。

┌─ 材料とレシピ ─────────────────────────┐

 **お湯**
商品に合わせる　　 **茶葉**
商品に合わせる　　 **浸出時間**
商品に合わせる

└────────────────────────────────────┘

## ティーバッグとお湯を入れて蒸らす

あらかじめティーカップを温め、1カップに1個ずつティーバッグをセット。それぞれの適温の湯を注ぎ、ソーサーやラップをかぶせて蒸らします。蒸らし時間もそれぞれの時間をチェックして。

## かき混ぜる

すぐにティーバッグを取り出し、味と色が均一になるようにかき混ぜます。

## 緑茶・烏龍茶・紅茶／アイスティー

### 水出しでいれる方法

水に入れてひと晩おくだけのとても手軽な方法です。渋味が少なく、マイルドな味わいに仕上がります。

**材料とレシピ（1L分）**

 **お湯**
水、1L

 **茶葉**
10g

 **浸出時間**
ひと晩（8〜10時間）

**おすすめの茶葉**

紅茶や烏龍茶全般、フレーバードティーなど

---

 **Step 1**

### 容器に茶葉と水を入れる

ふたつきの容器に好みの茶葉10gとミネラルウォーター1Lを入れます。

 **Step 2**

### 浸出させる

ふたをして冷蔵室にひと晩（8〜10時間）おきます。日本茶の場合は3〜5時間でOK。

**Step 3**

### 茶葉を取り出す

茶葉を取り出して完成。24時間以内に飲みきりましょう。

## お湯出しでいれる方法

お湯で抽出したお茶をたっぷりの氷に注ぐだけで完成！　香り高い風味が楽しめます。

┌─ 材料とレシピ（カップ2杯分・300ml）─────────

 **お湯**
熱湯、180ml・氷、120 g

 **茶葉**
6g

 **浸出時間**
紅茶:2〜3分（大きい茶葉）
　　　1.5分（小さい茶葉）
緑茶:45秒〜1分
烏龍茶:2〜3分

おすすめの
茶葉

　キャンディ

　日本茶　など

### Step 1　熱湯で濃いめにお茶をいれる

温めたポットに茶葉6gを入れ、熱湯180ml
を注いで浸出させます。

### Step 2　氷入り容器に注ぐ

耐熱グラスに氷120gを入れ、煮出したお
茶を茶こしでこしながら注ぎます。すばやく
かき混ぜて完成。

### クリームダウンとは？

　クリームダウンとは、紅茶をアイス
ティーにしたときに液体が白く濁
ることです。これは冷やすことで紅
茶に含まれる紅茶ポリフェノールと
カフェインが結合するために起こる
現象。風味にはまったく影響しな
いので、そのまま飲んでも問題あり
ません。

通常の状態　　クリームダウン

189

# 世界のお茶紀行

## 香港の鴛鴦茶

### 紅茶 × コーヒーのハイブリッドティー

　お茶が原因となって勃発したアヘン戦争で、英国の統治下におかれた香港。その植民地時代に生まれたのが、香港式ミルクティーです。牛乳の代わりにエバミルク（保存期間が長く、ミルクを生産するための酪農の施設がなくても容易に入手できるように加熱や加糖されたもの）を加えた濃厚なその味は、のちに中国でも人気を博しました。

　さらに数十年前に登場したのが、紅茶にコーヒーを混ぜた鴛鴦茶。鴛鴦とはおし

どりのことで、好みによって無糖のエバミルクと砂糖を加えて飲みます。東洋医学でお茶は冷で、コーヒーは温。2つを混ぜ合わせることはその意味でも画期的です。

　コーヒーと紅茶を別々につくって混ぜる方法、コーヒーの粉と茶葉を混ぜてからいれる方法など、何通りかのつくり方があるようですが、いずれにしても「茶餐廳」と呼ばれる香港式カフェでは定番のメニュー。お湯を注ぐだけで飲める粉末タイプも販売されています。

# 第**6**章

# 「チャ」以外の
# お茶やアレンジを
# 知りたい！

ここまで紹介してきたお茶以外にも
まだまだお茶の種類はたくさんあります。
お茶を使ったアレンジレシピもぜひ参考に。

# ハーブティーとは？

数多ある植物の中で、ハーブとは何を指すのでしょうか。

## 「ハーブ」の定義とは？

「ハーブ」といっても、その定義はいくつか存在します。広義でいえば、香気のある有用植物（人間に役立つ用途がある植物）全般のこと。この定義でいうと、「チャ」もハーブに含まれます。狭義では、欧米で食品やお茶として親しまれているものを指します。ちなみに、ハーブ（herb）の語源は、「草」を意味するラテン語「herbe」からきています。

広義と狭義のちがいはあいまいなので注意が必要ですが、いずれも植物の葉だけでなく、花、樹皮、果実など、さまざまな部位を利用します。日本の私たちが一般的にハーブとして親しんでいるのは、主に西洋の文化で使われてきた、香りや味わい、また健康によい栄養成分を含む有用植物の総称としてのハーブです。このハーブを抽出させたものが「ハーブティー」です。近年は日本固有の植物や漢方などに由来する有用植物も、和漢のハーブとして親しまれています（p.198）。

特徴
### 1 健康に役立つ効能が期待されるハーブも

リラックス効果や、便秘解消、美肌効果など、中には有用な効能が認められているハーブもあります。

特徴
### 2 色・味・香りもさまざま

花のような香りや爽やかな香り、甘い味、すっきりした味、色もピンクやイエローなど、カップ中の色味を楽しめることも。

## ハーブの分類

一般的に販売しているハーブには、フレッシュハーブとドライハーブの2つがあります。

**【　フレッシュハーブ　】**

- 生の素材を使ったもの
- スーパーや八百屋で食材として売っているものも、ハーブティーとして流用できる
- 自家製のハーブもハーブティーとして使える

**【　ドライハーブ　】**

- フレッシュハーブを乾燥させたもの
- お茶屋さんや、食料品店で購入可能
- 長期保存が可能
- ローズヒップや柑橘の皮（ピール）なども含む

特徴
**3**
いろんな
ブレンドがある

複数のハーブをブレンドした商品が多く、商品ごとにいろいろな味が楽しめます。

## さまざまなブレンドハーブティー

　各メーカーでいろんなブレンドがあるので、好みの商品を見つけるのもよいでしょう。また、普段飲んでいる紅茶・緑茶・烏龍茶に好きなハーブを加える楽しみ方もおすすめ。「ペパーミント+紅茶」など、ハーブ単体だと味わいが物足りないと感じるものも、お茶と合わせることでカバーされます。

**【　ブレンドの例　】**

（使用ハーブ）

レモングラス／レモンバーム／
ペパーミント／ローズマリー／
ダイダイ果皮
（キケリキー！／ルピシア）

頭も体もスッキリ爽やかに目覚めさせてくれるので、一日の始まりに。

（使用ハーブ）

ハイビスカス／ローズヒップ／
ドライカシス／
ドライブルーベリー／
ストロベリーリーフ／
レモングラス／ローズレッド
（セ パフェ！／ルピシア）

爽やかな酸味のあとにほんのり果実の甘味。疲れた午後におすすめのハーブティー。

# 【 主なハーブの種類 】

欧米諸国で親しまれているハーブの中で、代表的なものを紹介します。

---

マスカットのような甘い香り
## エルダーフラワー

まるでマスカットのような、フルーティで甘い香りが特徴です。発汗促進や利尿作用で老廃物の排出に。高濃度にいれればうがい薬の代わりにも。

甘酸っぱい香りでリラックス
## カモミール

どこか懐かしくて癒される、青りんごのような甘酸っぱい香りで、味はすっきり。なんとなく不調を感じたときにおすすめです。ただし妊娠中は注意して。

酸味とビビッドな赤が印象的
## ハイビスカス

甘い香りからは想像できない刺激的な酸味が特徴で、その酸味のもとはクエン酸と酒石酸。ビタミンCも豊富なため、疲労回復におすすめです。

変化していく色も楽しんで
## ブルーマロウ

湯を注ぐとブルーからグレー、レモンを入れるとピンク色へと変わり色の変化も楽しめます。味はクセがなく、香りも控えめで、ブレンドするなら紅茶が合います。

リフレッシュ効果に注目
## ペパーミント

清涼感のある香りと飲み口が特徴で、リフレッシュ効果ではミント系ハーブの中でもいちばんです。眠気覚ましや乗り物酔い対策に。

心やすらぐ甘く上品な香り
## リンデン

緊張や不安をやわらげ、不眠解消にも効果的なハーブで、ほのかに花を感じる甘い香りと、やさしい味が特徴。後味が爽やかなので、食後のお茶として最適です。

爽やかな香りで気分上々
## レモングラス

香りはフレッシュなレモン系で、味は爽やか。エスニック料理でもおなじみです。さっぱりした味なので食前や食後にもおすすめ。

香りはレモンでも酸味は穏やか
## レモンバーム

香りはレモンのように爽やかですが、味わいは酸味がなく穏やか。紅茶やほかのハーブとのブレンドにも向いています。発汗と解毒作用に期待できます。

ビタミンCはレモンの20倍以上
## ローズヒップ

甘い香りと、ほのかな酸味が特徴で、ルビー色の美しい水色も楽しめます。美容や風邪予防に効くビタミンが豊富。「ドッグローズ」とも呼ばれます。

「若返りのハーブ」としても人気
## ローズマリー

スパイシーで刺激的な香りですが、味は穏やかで後味はすっきり。「若返りのハーブ」の由縁は、抗酸化作用があるから。血流を促し、体の活性化にも期待できます。

## ▍ハーブティーをいれるヒント

　ハーブ入りの紅茶・緑茶、またはハーブのみの商品など、ハーブティーの製品はさまざま。素材の原料も茎や花など多種多様で、基本のいれ方というのが一概にいえません。重要なのは、熱湯を使用することと、パッケージ記載の分量や蒸らし時間を守ること。そこから味見して、自分好みに調整しましょう。

### Point
・熱湯を使う
・製品パッケージに記載されたいれ方を守る
・こまめに味見して調整
・ガラスの茶器を使用すると色も楽しめる

# 【 南アフリカのハーブ 】

南アフリカに伝わる
赤い奇跡の健康茶

# ルイボスティー

ルイボスは南アフリカのクラン・ウィリアム近郊セダルバーク山脈周辺に自生するマメ科の植物で、古くから「不老長寿の飲み物」として飲まれてきました。抗酸化作用のあるフラボノイドが多く、アレルギーやストレス対策、美肌効果も。クセがなく、カフェインレスなので、年齢を問わず飲みやすいです。

ルイボスティー

グリーン
ルイボスティー

## ▍フレーバー付きも人気

すっきりとした味わいで、近年人気が高まっているルイボスティー。フルーツなどとの相性もよく、多彩なフレーバーが登場しています。

### ルイボス＋レモン

よりすっきりとした味わいになり、リフレッシュに最適。アイスティーもおすすめです。
（ルイボス レモン／ルピシア）

### ルイボス＋ストロベリー＋バニラ

包み込まれるような癒やし系の飲み口に。ミルクを加えるとさらにまろやか。
（ヤミー／ルピシア）

アフリカ大陸

セダルバーク山脈

ケープタウン

はちみつのようにほんのり甘い
老若男女にやさしいお茶

## ハニーブッシュ

ハニーブッシュは南アフリカに自生するマ
メ科の植物です。名前からもわかるように、
飲むとまるではちみつのようにやさしい甘
さで、甘い香りがするお茶。ノンカフェイ
ンで低タンニンなので、子どもから高齢者
まで安心して飲めます。

## 【　南米のハーブ　】

「飲むサラダ」といわれるほど
ビタミン・ミネラルが豊富

## マテ茶

「活力を与える不思議な木」としてマテ茶
を飲み始めたのは、南米・パラグアイの先
住民。後味がすっきりしているので、肉
食中心の南米人にはうってつけでした。
また、ビタミン・ミネラルが多く、野菜不足
を補う意味でも有用。クセがなく、マイル
ドな風味です。

## 【　ギリシャ・地中海地域のハーブ　】

イタリアで愛される麦のコーヒー

## オルヅォ

オルヅォは、古代種の大麦を低温で焙煎
したもので、「麦のコーヒー」として、イタ
リアで親しまれています。古代ギリシャの
医師ヒポクラテスが残した処方の中には、
オルヅォもあったといわれ、古くから親しま
れてきました。深いコクと、香ばしい香り
が特徴。食物繊維も豊富です。

# 健康茶とは？

毎日飲むことで健康効果が期待できるお茶。身近な食材が多く、手軽さも魅力です。

## 健康茶はアジア由来のハーブ

　狭義の意味での「ハーブティー」は欧米で親しまれているハーブを用いたものでしたが、アジア由来のハーブも存在します。中国漢方や和漢で用いられるものが、それにあたります。それらを煮出し式などで飲むお茶が健康茶。ゴボウ茶や黒豆茶など多くの種類があり、健康食品店やドラッグストアなどで販売されています。さまざまな健康効果が期待できるお茶が多いものの、薬ではないので即効性はありません。近年はおいしさを重視したものも多く、嗜好品や健康的な水分補給としても親しまれています。

## ▎ 健康茶をいれるヒント

　健康茶もハーブティーと同様に、さまざまな素材が原料とされているため、多種多様。いれ方も、パッケージ記載の分量と蒸らし時間を守ることがポイントです。そこから味見して、好みの味に調整していきましょう。お湯は熱湯を使用すること。

### Point

・製品パッケージに記載されたいれ方を守る。
・熱湯と書かれている場合は、必ず沸かしたてのお湯を使う。
・こまめに味見して調整する。

麦茶など、煮出すのがおすすめのお茶もあるので、購入前にいれ方をチェックして。

# 【　主な健康茶の種類　】

飲みやすく栄養満点！

# 麦茶

香ばしい麦茶は日本の夏の風物詩。カフェインやタンニンが含まれず、味にクセがなく、後味がすっきりしているので、年齢やシーンを問わず、おいしく飲めるのが利点です。原料の大麦由来の栄養が詰まった健康茶でもあります。

江戸時代から庶民のポピュラーな飲み物だった麦茶。浮世絵にも麦茶（当時は麦湯）の出店が描かれる。「十二ケ月の内　六月　門ト涼」（国立国会図書館）

季節の変わり目にこそ飲みたい
そのままでも甘い不思議なお茶

# 甜茶
てん　ちゃ

甘いという意の「甜」の字が示す通り、自然な甘みが特徴のお茶です。原料は中国南部・桂林の山岳地帯でとれるバラ科の植物で、甘いのは天然の甘味成分ルブサイドが含まれるため。かゆみ・くしゃみの原因物質を抑える甜茶ポリフェノールも含まれます。

香ばしく、ほんのり甘く美味
# 黒豆茶

独特な香ばしい香りに癒やされる黒豆茶は、煮出したあとの黒豆も食べられます。血流やホルモンバランスを整える効果が。食物繊維や不飽和脂肪酸のリノール酸も含まれます。

中国最古の医学書にも登場
# 桑の葉茶

野菜のような青い風味が特徴で、飲み心地がよく、お茶の代用としても人気です。近年はダイエット効果でも話題に。

花のような香りが特徴
# キクイモ茶

香りがよく、比較的クセがなくて飲みやすいお茶。抽出したあとの茶葉も食材として利用できます。「天然のインスリン」と呼ばれるイヌリンが含まれるのが特徴。

食物繊維の力でお腹スッキリ
# ゴボウ茶

想像するよりもクセがなく、すっきり香ばしく、ほんのり旨味が感じられます。食物繊維が多く含まれます。飲みやすいので、食事中のお茶としてもおすすめです。

抗酸化成分がそばの数百倍！
# ダッタンソバ茶

ダッタンソバの実を香ばしく煎って煎じたお茶で、香ばしいそばの風味が口の中に広がります。抗酸化作用や血液サラサラ効果で知られるルチンが豊富です。

ほのかにコンソメスープの香り
# 玉ねぎの皮茶

玉ねぎの皮にはポリフェノールの一種、ケルセチンがたっぷり含まれます。上品なコンソメスープのように風味が豊かで、飲みやすいのが特徴。

### まるでコーヒーのような味
# タンポポ茶

根から葉まですべてに薬効があるお茶で、コーヒーに近い味から「タンポポコーヒー」とも呼ばれます。根の部分にカリウムが多く含まれ、利尿作用が期待できます。

### 自然な甘みの韓国伝統の健康茶
# トウモロコシ茶

実を煎って煮出したお茶で、甘く香ばしく、老若男女を問わず親しみやすい味わいです。食物繊維やカリウムが多く、お腹も体もすっきりします。

### 代謝に関わるミネラルが豊富
# ドクダミ茶

独特なにおいながら後味はほんのり甘くて美味。ミネラルと食物繊維が含まれ、余分な水分や老廃物を体外へと排出してくれます。

### ダイエット効果で人気
# 杜仲茶（とちゅうちゃ）

古来、中国で珍重され、日本には平安時代に渡来。肥満防止のほか、さまざまな効果が期待できます。クセがなく、ほんのり甘くまろやかな味わいは食中茶としても◎。

### 肌荒れ改善効果に期待
# ハト麦茶

基礎化粧品の原料として使用されるヨクイニンが含まれる、美肌効果や利尿作用が期待できるお茶です。香りと風味が高く、毎日の水分補給におすすめ。

### 体の内側からキレイをつくる
# モリンガ茶

根から花まで食用されるモリンガには90種超の健康成分があり、体の内側から整えてくれる作用に注目。炒り立てのトウモロコシに似た甘くやさしい味です。

スパイスや柑橘類と合わせるなど、新しい魅力を発見するドリンクレシピを集めました。

---

**緑茶レシピ**

# ほうじ茶のスパイスティー

スターアニスは、別名八角。中国料理によく使われる、
甘く華やかな香りのスパイスです。いつものほうじ茶に加えるだけで、
一気に異国の雰囲気に！ 加えるだけという手軽さも魅力です。

( **材料：カップ1杯分** )

| | |
|---|---|
| ほうじ茶の茶葉 | 2.5〜3g |
| スターアニス | 1〜2個 |
| 熱湯 | 110ml |

( **つくり方** )

ポットに茶葉とスターアニスを入れ、熱湯を注いで45秒ほど蒸らす。

**Point** スターアニスは比較的刺激が強いので、最初は1個または半分から試してみましょう。それでも刺激が強く感じたら、砂糖やミルクを入れて調整を。烏龍茶や紅茶でも美味。また蒸らし時間を長くしたミルクティーもおすすめ。

**バリエーション**

### スパイス×お茶の 好相性な組み合わせ

スパイスに合うのは緑茶だけではありません。絶妙なマリアージュを楽しんで。

・ダージリン×ブラックペッパー
（5〜6粒）
・アップルティー×
シナモンスティック（砕いたもの½本）

# ゆずと緑茶のホットカクテル風

冬はゆず、冬から春にはレモン、夏から秋にはかぼすやすだちなど、
緑茶に季節の柑橘類を加えることで、季節の風を感じる風情のあるお茶になります。
ぶどうなどのフルーツ系フレーバード緑茶、とくに、巨峰茶がおすすめです。

( 材料：カップ2〜3杯分 )

緑茶の茶葉 ……………… 300ml
ゆずの輪切り …………… 1枚

( つくり方 )

❶ ポットにいれた温かい緑茶にゆずを軽くつぶしながら加える。
❷ 45秒〜1分ほど蒸らし、味をみて砂糖を加え、風味を整える。

Point　好みでラム酒少々（スプーン1/2杯が目安）を加えると、より深い味わいになります。

203

# グリーンティーモヒート

水出しアイスティーをアレンジした、ひんやりおいしい夏におすすめのレシピです。
爽やかな風味がライムとよく合います。
茶葉は日本の新茶や浅蒸し煎茶、また柑橘やラムネなど爽やかな香りの
フレーバード緑茶がおすすめです。

( 材料：2杯分 )

| | |
|---|---|
| 緑茶の茶葉 | 3g |
| 水 | 200ml |
| 炭酸水 | 100ml |
| ライムの輪切り | ½個分 |
| フレッシュミント、ガムシロップ、氷 | 各適量 |

( つくり方 )

❶ 容器に茶葉と水を入れて冷蔵室に3〜5時間おき、水出しアイスティーをつくる。

❷ フレッシュミントを手で揉み、ライムとともにグラスに入れる。

❸ ❷に氷を入れて❶と炭酸水を注ぎ、ガムシロップで味を整える。

# ホワイトチョコレート抹茶

2000年代以降、とくに製菓のジャンルで世界的に知られるようになった抹茶は
ミルクやクリーム、そして甘みと相性バツグン。
ミルクからつくられた甘いホワイトチョコレートを合わせました。

( **材料：カップ1杯分** )

| | |
|---|---|
| 抹茶 | 2g |
| 砂糖 | 適量 |
| 湯 | 80ml |
| ホワイトチョコレート | 適量 |

( **つくり方** )

❶ 器に抹茶と砂糖を入れ、湯を注いで泡立てる。
❷ 仕上げに刻んだホワイトチョコレートをトッピングする。

( **・アレンジ・** ) チョコレートに甘みがあるため、お砂糖等の甘みはお好みで。湯の代わりに温めた牛乳にすれば、さらにクリーミーな味わいになります。

# 抹茶ミルクシェイク

卵黄を加えてシェイクすることで、クリーミーで泡立ちがよく、
まるでデザートのような濃厚な味わいに。温かく、元気が出る、
冬はもちろん、一年中元気を出したいとき楽しめるホットドリンクです。

（ 材料：カップ2杯分 ）

抹茶 ……………………… 4g
卵黄 ……………………… 1個分
砂糖 ……………………… 15g
牛乳 ……………………… 200ml
バニラエッセンス …… 少々

（ つくり方 ）

❶ ボウルにすべての材料を入れ、泡立て器でよく泡立てる。
❷ カップに注ぎ、電子レンジ（500W）で1分加熱する。

**Point** レンジを使わず、❶の工程でボウルを70〜80℃の湯煎にかけて温めながら泡立ててもOK。

**烏龍茶レシピ**

# ホット烏龍茶のラム割り

秋の夜長をおしゃれに彩る、大人のホットドリンクです。

お酒が苦手な方でも楽しめるように、後からちょい足しできるレシピにしました。

銘柄を選ぶなら、とくにリーズナブルで香り立ちのよい茶葉、
白葉単叢（はくようたんそう）や黄金桂（おうごんけい）がぴったりです。

**( 材料：カップ2杯分 )**

烏龍茶の茶葉 ················ 16g
熱湯 ····················· 300ml
りんごジャム ···· 小さじ山盛り2
ラム酒 ···················· 適量

**( つくり方 )**

❶ 小さめのポットに茶葉を入れ、熱湯を注いで1分蒸らす。

❷ カップに注ぎ分け、りんごジャムを加えて溶かし、ラム酒をたらす。

**Point** お酒が苦手な人はジャムを溶かしただけでも美味。りんごの香りを存分に楽しめます。

# ぜいたく白桃烏龍茶

ぜひ、桃の季節に試していただきたいちょっとぜいたくなドリンクです。
せっかくなら、銘柄は白桃の香りの白桃烏龍をセレクトしてみましょう。
漬けたあとの白桃は風味が抜けてしまうので、ヨーグルトに添えたり、
サラダのトッピングにしたりするのがおすすめ。

（ 材料：4～5杯分 ）

烏龍茶の茶葉 ………… 10g
水 ………………………… 800ml
白桃
（または白桃の缶詰）
　　………………………… 1個

（ つくり方 ）

❶ 白桃は皮をむき、縦8等分に切る。
❷ 保存容器にすべての材料を入れ、ふたをして冷蔵室にひと晩（8
　～10時間）おく。
❸ 茶葉と白桃を取り出し、グラスに注ぐ。

**Point**　浸透圧の問題で、糖度が高いとお茶の風味が出にくくなるので、缶詰を使用する場合、シロップは別のガラス容器などに入れて冷蔵室で保管し、完成したお茶と混ぜてください。クラッシュしたアイスなどに注いでも美味。

# フレッシュフルーツティー

フレッシュフルーツでつくるジューシーな一杯。華やかな見た目はパーティーにも！
季節のフルーツでアレンジし、ぜひマイベストレシピを見つけましょう。
茶葉は比較的クリームダウンしにくく、懐の広いセイロン・キャンディが合います。

**（ 材料：カップ2杯分 ）**

紅茶の茶葉 ……………………………………… 6g
湯 ………………………………………………… 300ml
りんご、オレンジ、キウイ、ぶどう、いちごなど
………………………………………………… 各適量

**Point** アレンジのポイントは酸味と甘味のバランスです。味がまとまらない場合は、レモン、ライムなどの香酸柑橘の果汁とガムシロップを、少しずつ味見しながら加えてみてください。

**（ つくり方 ）**

❶ りんごとオレンジは約5mm厚さのいちょう切り、キウイは約5mm厚さの輪切り、ぶどうといちごは縦半分に切る。電子レンジ、または湯をかけて軽く温める。

❷ ポットに茶葉を入れて湯を注ぎ、蒸らす。

❸ 別のポットに❶を少し残して入れ、❷を注いでしばらく蒸らす。

❹ カップに❸で残したフルーツを入れ、❸を注ぐ。

# テ・ロマーノ

濃いめにいれた紅茶にたっぷりのミルクを加えた濃厚なミルクティーに、
生クリームとオレンジピールでコクと香りを添えたスイーツのようなドリンクです。
茶葉は繊細とまろやかさをあわせもつセイロンやディンブラをぜひ。
ウバや夏摘みのアッサムもおすすめです。

**（ 材料：カップ2杯分 ）**

紅茶の茶葉 ……………… 6g
湯 ………………………… 160ml
牛乳 ……………………… 140ml
ホイップ生クリーム
……………………………… 適量
オレンジの皮 ………… 少々

**（ つくり方 ）**

❶ オレンジの皮をせん切りにし、オレンジピールをつくる。

❷ 鍋に茶葉と湯を入れ、1分ほど煮出す。牛乳を加え、沸騰直前に火を止めてこす。

❸ カップに注ぎ、ホイップ生クリームを浮かべ、❶を散りばめる。

**Point** 香りを出すために、オレンジの皮はなるべく細く切るのがコツ。オレンジの代わりにレモンでも。

# アップルスカッシュ

りんごの甘酸っぱい香りが泡とともに弾ける、爽やかなドリンク。
適度に食欲を刺激してくれるので、食前にも活躍します。
茶葉はニルギリがとてもよく合います。

**（ 材料：カップ2杯分 ）**

紅茶の茶葉（あればオーソ
ドックスかブロークンタイプ）
............................. 6g
湯 ........................ 90ml
グラニュー糖 ...... 小さじ1
氷 ........................... 60g
りんごジュース（炭酸入り）
......................... 100ml

**（ つくり方 ）**

❶ ポットに茶葉を入れ、湯を注いで蒸らす。茶葉を取り除き、グラニュー糖を加えて溶かす。

❷ 容器に氷適量を入れて❶を注ぎ、すばやく混ぜてアイスティーにする。

❸ グラスに残りの氷を入れて❷とりんごジュースを注ぎ、混ぜ合わせる。

**Point** 茶葉でつくった紅茶を使うのがポイント。りんごの風味とのバランスがよくなります。

211

緑茶レシピ

# 玄米茶のティーゼリー

アイスティーを使って簡単につくれるゼリーはいかがですか?
おいしくつくるポイントはお茶を濃いめに入れること。
好みのトッピングをして、アレンジも楽しんでください。

( 材料:2〜3個分 )

濃いめのアイス玄米茶(※)
................................ 250ml
ゼラチン ................................ 5g
水 ................................ 大さじ2
砂糖 ................................ 15g
好みであんこ、栗の甘露煮、黒蜜、
ホイップクリーム ................ 各適量
※容器に茶葉5gと水500mlを入れ、冷
蔵室にひと晩(8〜10時間)おいたもの。

( つくり方 )

❶ ゼラチンを水でふやかす。
❷ 鍋に❶、アイス玄米茶、砂糖
　を入れて火にかけ、よく混ぜて
　ゼラチンを溶かす。
❸ ❷の粗熱がとれたら容器に注
　ぎ、冷蔵室で冷やし固める。
　あんこや栗の甘露煮など好み
　のトッピングをする。

・アレンジ・

白桃煎茶やグレープフルーツなどのフルーツ系フレーバーの茶葉を
使っても美味。フレッシュフルーツを添えると見た目もキュートな仕上がりに。

抹茶レシピ

# 抹茶生チョコ

滑らかでとろけるような甘さが食べるだけで幸福な気持ちになる、
リッチな味わいの生チョコレートです。仕上げに抹茶をふりかけて。

（　材料：200g分　）

| | |
|---|---|
| 抹茶 | 6g |
| ホワイトチョコレート | 125g |
| バター（食塩不使用） | 15g |
| 生クリーム（乳脂肪分35〜40%） | 50ml |
| はちみつ | 5g |

**Point**　❷の工程でホワイトチョコレートがよく溶けない場合は、湯煎にかけて溶かしましょう。

（　つくり方　）

❶ ホワイトチョコレートは細かく刻み、バターは室温に戻して細かく切る。

❷ 小鍋に生クリームとはちみつを入れ、かき混ぜながら弱火にかけ、沸騰直前に火からおろす。熱いうちに❶を加え、ゴムベラで混ぜる。滑らかになったら抹茶を茶こしでふるい入れ、よく混ぜる。好みで少量のブランデーを加えても。

❸ バット（20×20cm）にワックスペーパーを敷き、❷を流し入れる。ゴムベラでクリームを均等にならし、気泡があればつぶす。

❹ 粗熱がとれたら冷蔵室に入れ、4〜5時間おいて冷やす。包丁で好みの大きさに切り分け、仕上げに茶こしで抹茶（分量外）をふる。※冷蔵室で2〜3日保存可。

# 豚肉の烏龍茶蒸し

烏龍茶の香りと渋味で豚肉の脂がすっきりし、茶葉で蒸し上げることで中までしっとり。
銘柄を選ぶなら、中国・福建省でつくられる、
厚みがあって力強い味わいの水仙がよく合います。

（　材料：4人分　）

| | |
|---|---|
| 烏龍茶の茶葉 | 20g |
| 豚肩ロースかたまり肉 | 500g |
| 塩 | 大さじ2 |
| ┌ 水 | 500ml |
| A 料理酒 | 大さじ2 |
| └ 酢 | 大さじ1 |

**Point**　豚カツ用のロース肉や豚バラ薄切り肉でも代用可。薄切り肉の場合は蒸し時間を適宜減らしましょう。また、蒸したあとの茶葉も、おいしくいただけます。

（　つくり方　）

❶ 茶葉にひたひたの熱湯（分量外）をかけ、約3分おく。

❷ ボウルにAを入れ、豚肉を浸して約10分おく。水けをよく拭き取り、全体に塩をすり込んで10分おく。

❸ 深めの器に❶の半量を敷いて水けを拭いた❷をのせ、残りの❶をかける。蒸気の上がった蒸し器に入れ、30分蒸す。火を止めて余熱で10分おく。

# 烏龍茶シャーベット

さっぱり青みのある台湾茶や、
香り立ちのよい単叢種や黄金桂の烏龍茶をベースにした、繊細な風味の冷菓。
後味が爽やかなので、食後にぴったり。
さらにメロンや桃などのフルーツを添えれば、おもてなしにも重宝します。

（ 材料：2人分 ）

烏龍茶の茶葉 ……………… 15g
熱湯 …………………………… 250ml
ゼラチン …………………………… 5g
水 ………………………………… 50ml
グラニュー糖 …………………… 20g

（ つくり方 ）

❶ ゼラチンは水でふやかす。

❷ ポットに茶葉を入れて熱湯
125mlを注ぎ、1分蒸らす。
❶とグラニュー糖を加え、完
全に溶かす。

❸ 別のポットに二煎目の茶葉
を入れ、熱湯125mlを注い
で10分蒸らす。❷に加え混
ぜ、人肌の温度に冷ます。

❹ ❸を金属製のボウルに入れ、
ラップをかけて冷凍室に2〜
3時間おく。室温に5分おき、
フォークなどで崩す。

Point

とても溶けやすいシャーベットな
ので、盛りつける器もあらかじめ
冷凍室で冷やしておきましょう。

# 紅茶の梅干し茶漬け

お茶漬けといえば緑茶と思いきや、じつは、ほかの茶葉もよく合います。
紅茶を合わせるとコクが際立ちつつ、梅干しの酸味がキリッと引き締めてくれます。
さっと入れたダージリンやヌワラエリヤ、さっぱりした味わいのブレンド紅茶がおすすめ。
天ぷらなど油っぽいおかずとの相性がバツグンです。

### （ 材料：1人分 ）

| | |
|---|---|
| 紅茶の茶葉 | 3g |
| 湯 | 150ml |
| ごはん | 茶碗1杯分 |
| 梅干し | 1個 |

好みで刻みのり、あられ、塩昆布
............................................... 各適量

### （ つくり方 ）

❶ ポットに茶葉を入れて湯を注ぎ、蒸らす。

❷ 器にごはんを盛り、❶をかけて梅干しをのせ、好みで刻みのりやあられ、塩昆布を散らす。

### ・ アレンジ ・

同様の入れ方で、烏龍茶でもおいしくいただけます。

## バリエーション

### いろんなお茶でお茶漬け

お茶の種類に合わせて、お茶漬けにするのに相性のいい食材を紹介します。

#### 釜炒り茶＋漬物

釜炒り茶のすっきりとした香りが、漬物と好相性。懐かしい味わいに。

#### ハト麦茶＋焼きたらこ＆塩昆布

香ばしいハト麦茶がたらこと塩昆布の旨味を際立たせ、料亭のような上品な味に。

#### 中国紅茶＋塩鮭

特有のスモーキーな香りが塩鮭とマッチ。燻製の鮭をのせたような深い味わいに。

#### 冷たいジャスミン茶＋蒸し鶏

あえて冷たいジャスミン茶を。レモンやパクチーを添えれば、アジアが香る1品に。

**紅茶レシピ**

# 紅茶のフレンチトースト

紅茶を加えることで、香りがよく、濃厚な中にも爽やかなフレンチトーストに。
ミルクティーが合う茶葉なら種類は問いません。その日の気分で選びましょう。
茶葉はティーバッグで代用しても。

（ 材料：1人分 ）

| | |
|---|---|
| 紅茶の茶葉 | 約4g |
| 熱湯 | 100ml |
| 卵 | 1個 |
| 牛乳 | 150ml |
| 砂糖 | 大さじ2 |
| 食パン（4枚切り） | 1枚 |
| バター | 適量 |

（ つくり方 ）

❶ ポットに茶葉を入れ、熱湯を注いで約5〜6分蒸らし、濃いめの紅茶をいれる。

❷ バットに❶と卵、牛乳、砂糖を入れ、泡立て器で混ぜる。耐熱深皿にカットした食パンと❷を浸し入れ、ラップをせずに電子レンジ600wで片面30秒ずつ温め、なじませる。

❸ フライパンを弱火で熱してバターを入れて溶かし、食パンを並べて両面こんがりと焼く。

Point 好みではちみつ、シナモン、ソテーしたフルーツをトッピングしても美味。

220

# 参考文献

- 『改訂3版　緑茶の事典』(日本茶業中央会監修、柴田書店、2005年)

- 『紅茶の事典』(荒木安正・松田昌夫著、柴田書店、2002年)

- 『改訂版　日本茶のすべてがわかる本』(日本茶検定委員会監修、NPO法人 日本茶インストラクター協会企画編集、2023年)

- 『紅茶の大事典』(日本紅茶協会編集、成美堂出版、2013年)

- 『紅茶の教科書　改訂第二版』(磯淵猛著、新星出版社、2023年)

- 『香りを楽しむ　中国茶の事典』(成美堂出版編集部編集、成美堂出版、2002年)

- 『茶の世界史　改版』(角山栄著、中央公論新社、2017年)

- 『おいしいお茶の秘密』(三木雄貴秀著、SBクリエイティブ、2019年)

- 『お茶の科学』(大森正司著、講談社、2017年)

- 『お茶のいれ方とマナー』(新名庸子監修、小学館、2007年)

- 『おいしい紅茶のレシピ120』(世界のお茶専門店「ルピシア」監修、スタジオタッククリエイティブ、2012年)

- 『改訂新版　決定版　お茶大図鑑』(主婦の友社編集、主婦の友社、2012年)

- 『新版　日本茶の図鑑』(公益財団法人 日本茶業中央会・NPO法人 日本茶インストラクター協会監修、マイナビ出版、2017年)

- 『暮らしの図鑑 お茶の時間』(暮らしの図鑑編集部編集、翔泳社、2019年)

- 『MUSICA TEAに教わる 紅茶の楽しみ方』(MUSICA TEA監修、KADOKAWA、2022年)

- 『おいしい「お茶」の教科書』(大森正司著、PHP研究所、2010年)

- 『世界のお茶専門店ルピシア　お茶を楽しむ』(ルピシアだより編集部編集、ルピシア、2015年)

- 『茶味礼讃　Tea Gastronomy』(ルピシアだより編集部編集、ルピシア、2015年)

- 『最新世界史図説タペストリー』(帝国書院編集部編集、帝国書院、2022年)

協力
## 世界のお茶専門店 ルピシア

世界各国の産地から厳選した紅茶や烏龍茶、日本茶はもちろん、
オリジナルのブレンドティーやフレーバードティー、ハーブティー
など、年間を通じて400種類以上のお茶をご紹介する専門店。お
茶の種類や決まったスタイルにとらわれず、多彩なお茶の魅力を
発信しています。
www.lupicia.com

Staff
本文デザイン ········· 庭月野楓、熊田愛子 (monostore)
イラスト ············· すぎやままり
執筆協力 ············· 諸井まみ、高島直子
DTP ··············· 有限会社ZEST
校正 ··············· 夢の本棚社
編集協力 ············· 株式会社スリーシーズン (永渕美加子、藤門杏子)
編集担当 ············· 横山美穂 (ナツメ出版企画株式会社)